Tornar-se negro

Neusa Santos Souza

Tornar-se negro

Ou As vicissitudes da identidade do negro brasileiro em ascensão social

10ª reimpressão

Copyright © 2021 by herdeiros de Neusa Santos Souza

Grafia atualizada segundo o Acordo Ortográfico da Língua Portuguesa de 1990, que entrou em vigor no Brasil em 2009.

Capa e imagem
Vinicius Theodoro

Consultoria de pesquisa e acervo
Luiza Freire Nasciutti

Preparação
João Sette Camara

Revisão
Erika Nogueira Vieira
Tatiana Custódio

Dados Internacionais de Catalogação na Publicação (CIP)
(Câmara Brasileira do Livro, SP, Brasil)

Souza, Neusa Santos
   Tornar-se negro ou As vicissitudes da identidade do negro brasileiro em ascensão social / Neusa Santos Souza; prefácios de Maria Lúcia da Silva e Jurandir Freire Costa. — 1ª ed. — Rio de Janeiro : Zahar, 2021.

   ISBN 978-65-5979-029-6

   1. Negros – Condições sociais – Brasil 2. Negros – Identidade racial – Brasil 3. Relações raciais I. Título.

21-73161   CDD: 305.896081

Índice para catálogo sistemático:
1. Brasil : Negros : Identidade : Sociologia   305.896081

Maria Alice Ferreira – Bibliotecária – CRB-8/7964

Todos os direitos desta edição reservados à
EDITORA SCHWARCZ S.A.
Praça Floriano, 19, sala 3001 — Cinelândia
20031-050 — Rio de Janeiro — RJ
Telefone: (21) 3993-7510
www.companhiadasletras.com.br
www.blogdacompanhia.com.br
facebook.com/editorazahar
instagram.com/editorazahar
twitter.com/editorazahar

Aos amigos
Ao pessoal de casa
À Ester

Sumário

Prefácio a esta edição, por Maria Lúcia da Silva 9

Prefácio à edição original, por Jurandir Freire Costa 23

Introdução 45

1. Antecedentes históricos da ascensão social do negro brasileiro: a construção da emocionalidade 47

2. O mito negro 54

3. Narcisismo e ideal do ego 64

4. A história de Luísa 79

5. Temas privilegiados 98

6. Metodologia 107

Conclusão 115

Anexos 117
Loucart: a quem serve a arte?, 119 | O estrangeiro: nossa condição, 121
E agora, José?, 131 | O que pode um analista aprender com
os pacientes psicóticos?, 142 | A casa, 152 | O corpo em psicanálise, 155
Contra o racismo: com muito orgulho e amor, 162

Agradecimentos 165

Notas 166

Prefácio a esta edição

> A pesquisa foi tomando para mim outro sentido, que não era somente de uma pesquisa relativa a uma grande personagem da história da psicanálise e do movimento negro brasileiro, mas um exercício de reverência e resgate da memória de uma ancestral.
>
> WILLIAM PENNA, *Escrevivências das memórias de Neusa Santos Souza*[1]

SAUDAÇÃO A EXU, senhor das encruzilhadas, e à ancestralidade. Apresentar Neusa Santos Souza é uma honra e um grande desafio.

Neusa nasceu em 1948, em Cachoeira (BA),* e se formou em medicina no início dos anos 1970, na Faculdade de Medicina da Bahia, a mesma na qual estudou seu conterrâneo Juliano Moreira, médico psiquiatra negro, um visionário, responsável por incorporar a teoria psicanalítica no ensino da medicina no país.

Em 1975, foi para o Rio de Janeiro, onde teve uma trajetória plena de contribuições para a luta antirracista e para a saúde

---

* Respeitamos aqui o que a própria Neusa Santos Souza sempre afirmou, a despeito da divergência com o que consta em sua certidão de nascimento e em sua carteira do Conselho Regional de Medicina, às quais tivemos acesso, que indicam o nascimento a 30 de março de 1951 em Salvador. Todas as notas de rodapé do livro são da presente edição, salvo indicação em contrário.

mental, em especial no acompanhamento de psicóticos por meio da prática psicanalítica. Trabalhou no Núcleo de Atendimento Terapêutico – NAT, no Centro Psiquiátrico Pedro II e na Casa Verde – Núcleo de Assistência em Saúde Mental.[2]
Neusa passou por caminhos trilhados e transformados por Juliano Moreira, cujo papel no atendimento a pacientes manicomiais foi inovador e cujas realizações precederam em décadas o Movimento da Reforma Psiquiátrica no Brasil. No Centro Psiquiátrico Pedro II, ex-Hospital Nacional dos Alienados, que dirigiu entre 1903 e 1930, ele inaugurou uma forma humanizada de tratar os "loucos". E Neusa, assim como ele, se dedicou a práticas que buscavam desfazer preconceitos cristalizados.

Na Casa Verde, que também funcionava como hospital-dia, ela trabalhou por mais de uma década, desenvolvendo atividades de ensino e transmissão da psicanálise junto a psicanalistas e profissionais de saúde mental. Na ocasião, conduziu grupos de estudos sobre psicose e coordenou seminários clínicos. Ela articulava literatura, artes visuais e teatro em conexão com a prática clínica. Preconizava que as produções de pacientes fossem reconhecidas e que a eles fosse atribuído o lugar artístico. Sobre isso, ela menciona em seu texto inédito "Loucart: a quem serve a arte?":

> Que as obras dos pacientes possam participar do circuito das trocas, que elas possam ser expostas e comercializadas — desde que seus autores o permitam —, é essencialmente terapêutico no que insere o sujeito num campo rico de vínculos sociais. Além disso, é uma prova de que reconhecemos no louco sua condição de sujeito

e repudiamos toda tentativa de tomá-lo como objeto, quer seja objeto de tutela, de investigação ou de exploração."³

Como uma estudiosa da loucura, Neusa fez diversas contribuições no campo da saúde mental, como o livro *A psicose: um estudo lacaniano*,⁴ em função das quais foi homenageada no Rio de Janeiro tendo seu nome atribuído ao Centro de Atenção Psicossocial II Neusa Santos Souza. Nas paredes dessa instituição é possível ver escritas algumas frases dela: "Acolher o paciente implica aceitar o imprevisto, suportar o tédio, desejar sem exigir, esperar sem expectativa"; "O que um sujeito psicótico nos costuma pedir? Ele nos pede lugar, tempo, escuta e palavras".⁵

Neusa transitou também por searas afins às de Virgínia Bicudo, nascida em 1910, ambas psicanalistas negras, pioneiras no Brasil por fazer dissertação de mestrado versando sobre o racismo. *Tornar-se negro, ou As vicissitudes da identidade do negro brasileiro em ascensão social*, foi defendida por Neusa em 1981 e publicada como livro em 1983, durante o regime autoritário.

Neusa estava atenta às demandas de sua época. Militante nos movimentos antirracistas, em especial o Movimento Negro Unificado do Rio de Janeiro, atuou no Ipeafro – Instituto de Pesquisas e Estudos Afro-Brasileiros, e realizou vários encontros com militantes no IPCN – Instituto de Pesquisas das Culturas Negras para discussão do livro.⁶

Entre as décadas de 1970 e 1980, durante a ditadura, ocorreram mudanças significativas produzidas pelo movimento negro. Vale destacar o ato de 1971 que evocou a resistência do povo negro marcando o dia 20 de novembro como dia de luta do negro no Brasil, um contraponto ao 13 de maio de 1888, que não garantiu direitos humanos à população negra brasileira.⁷ Era um período em que o movimento se inspirava na luta por libertação dos povos africanos, particularmente em Angola, Moçambique e Guiné-Bissau; nas lutas contra o apartheid na África do Sul e pelos direitos civis dos negros estadunidenses.⁸ Este contexto influenciou o avanço dos embates contra o racismo no Brasil. O lançamento do Movimento Negro Unificado Contra a Discriminação Racial, em 1978, nas escadarias do Theatro Municipal de São Paulo, representou uma mudança qualitativa na forma de se fazer política: o Estado é responsabilizado pelas precárias condições de vida da população negra, e políticas públicas de reparação são reivindicadas.

A partir da década de 1980, com a retomada do processo de redemocratização no país, a luta do movimento negro resultou em conquistas expressivas para a população negra brasileira em todos os campos, como o desdobramento da Constituição de 1988, a aprovação da lei nº 7716/89, que define e regulamenta o racismo como crime inafiançável e imprescritível, e a construção de indicadores revelando o perfil socioeconômico da população negra, com isso ampliando as reivindicações por políticas públicas efetivas para o acesso a educação, trabalho, saúde, cultura etc.⁹

Na área do trabalho, uma importante ação foi desencadeada, sob a coordenação da psicóloga Maria Aparecida Silva Bento, junto a "entidades que congregavam profissionais de recursos humanos" — por exemplo o Sindicato dos Psicólogos, a Associação de Profissionais de Administração e Recursos Humanos (APARH), o Conselho Regional de Psicologia (CRP) e grupos informais de recursos humanos — "no sentido de trazer esses profissionais para a discussão do racismo no trabalho".¹⁰ Foi uma articulação bem-sucedida, resultando na realização, em 1985, na cidade de São Paulo, do I Fórum de Debates sobre Discriminação Racial nas Relações do Trabalho. Incluir o tema da discriminação racial no trabalho entre as pautas do movimento sindical foi uma conquista importante do movimento negro. E representou um grande avanço, igualmente, lançar à categoria de psicólogos o debate sobre

> o papel do próprio profissional de recursos humanos na perpetuação do racismo, uma vez que transplanta para a empresa e para seu trabalho os seus preconceitos e, atrás da neutralidade de selecionador, conserva e fortalece, nem sempre conscientemente, os estereótipos habitualmente vinculados pela sociedade ao trabalhador negro.[11]

Nas décadas seguintes, em continuidade às ações políticas e reivindicatórias, o movimento negro brasileiro seguiu avançando em direção a melhores condições de vida para a população negra.

Mas, no tocante ao sofrimento psíquico da população negra provocado pelo racismo, ainda não existiam ações efetivas de cuidado em saúde. Mesmo em contato com as obras de Neusa Santos Souza e Frantz Fanon — *Pele negra, máscaras brancas* e *Os condenados da terra*, aliás, são leituras de grande contribuição na sustentação de reflexões e formulação de políticas —, nenhuma ação transformadora no campo da saúde mental se produzia a partir do fenômeno do racismo.

Neusa e Fanon foram fundamentais na compreensão dos impactos do racismo na subjetividade, estiveram muito à frente de seu tempo. Contudo, nós que militávamos nos anos 1980 não tínhamos massa crítica suficientemente formada que pudesse colocar o conteúdo desses livros em movimento, numa atuação ativista que nos fizesse avançar no cuidado dos efeitos psíquicos do racismo na subjetividade do povo negro. Na ocasião, amparados principalmente em escritos sociológicos e históricos, estávamos ainda numa força-tarefa para fazer com que reconhecessem que há racismo no Brasil. E, diante das urgências da vivência e da militância, o livro de Neusa quase não foi lido por nós. É só por volta dos anos 1990 que *Pele negra, máscaras brancas* e *Tornar-se negro* começam a aparecer, timidamente, nas referências bibliográficas das dissertações de mestrado e teses de doutorado de ativistas e estudiosos do tema, e se tornam referências indispensáveis nas produções sobre racismo e subjetividade.

De lá para cá houve avanços significativos e aumento do número de pessoas negras na academia. Mas foi um processo bastante lento: em 2005, quase vinte anos depois da publicação da tese de Neusa, apenas 5,5% dos jovens pretos ou pardos de dezoito a 24 anos frequentavam uma universidade.[12] Nota-se o quão rara era Neusa: médica, psicanalista, intelectual negra. Em *Tornar-se negro*, ela já falava:

> A justificativa histórica deste trabalho se fundamenta na constatação inequívoca da precariedade, no Brasil, de estudos sobre a vida emocional dos negros e da absoluta ausência de um discurso, nesse nível, elaborado pelo negro acerca de si mesmo.

A descoberta de figuras como Juliano Moreira, Virgínia Bicudo, Alberto Guerreiro Ramos — sociólogo negro nascido em 1915, o primeiro intelectual a defender o pensamento decolonial no Brasil e a importância do pensamento negro sobre a questão racial — e Neusa Santos Souza possibilitou a ressignificação do que em pessoas negras era diagnosticado como baixa autoestima ou complexo de inferioridade, e que passa então a ser compreendido como sofrimento psíquico produzido pelo racismo.

Em 1995, foi criado o Amma Psique e Negritude,[13] a primeira organização do movimento negro com a missão de articular prática psicológica e política, sustentada pela convicção de que o enfrentamento do racismo se faz por duas vias: *politicamente* e *psiquicamente*. Uma importante iniciativa, pondo na agenda do movimento negro e do movimento de mulheres negras o olhar sobre a saúde mental dessa população. E, nos anos que se seguiram, houve um movimento vigoroso de psicólogas e psicólogos negros, nacionalmente, e uma forte incidência política de profissionais ativistas no Sistema Conselhos de Psicologia pautando a temática antirracista.

Nesse contexto, aparecem relatos de como o sofrimento de negros e negras causado por preconceitos e discriminações raciais é tratado — e deslegitimado — por muitos psicólogos e psicanalistas brancos. É uma vivência que reedita a violência vivida no cotidiano, reatualizando a experiência traumática: um evento real, acompanhado de uma experiência subjetiva que promove crises de ansiedade e angústia, culpa, sentimentos de vergonha e a experiência de estar desamparado, sem defesa e diante de pessoas em que não se confia. No entanto, essa experiência era ignorada pela psicanálise, em geral.

Eu me recordo de uma experiência vivida, nos anos 1980, quando desejei iniciar o meu processo de análise. Já mergulhada no ativismo antirracista, busquei indicações de um psicanalista negro e tive a oportunidade de fazer a minha primeira entrevista com um. Ao responder à clássica pergunta "O que a traz aqui?", falei sobre meu sofrimento fruto de discriminações e humilhações raciais vividas, e para meu espanto ouvi como resposta: "Isso é bobagem, racismo não existe".

Como escrevi em meu artigo "Racismo no Brasil: questões para psicanalistas brasileiros":

> O racismo ronda sua existência na condição de um fantasma desde o seu nascimento, ninguém o vê, mas ele existe; embora presente na memória social e atualizado através do preconceito e da discriminação racial, ele é sistematicamente negado, se constituindo num problema social com efeitos drásticos sobre o indivíduo.[14]

Com a ampliação e a renovação do debate político sobre os efeitos do racismo em diversos campos, em particular no campo da subjetividade, há um aumento da presença de psicólogas e psicólogos negros na cena política e profissional, e articulado a isso, surge uma demanda por profissionais negros para processos psicoterapêuticos e psicanalíticos. Isso nos faz abrir uma nova pauta junto ao Sistema Conselhos de Psicologia e às instituições de formação: a necessidade de *atenção* às especificidades produzidas pelo racismo histórico contra negros e de *compreensão* de que, na sociedade brasileira, os efeitos psicossociais do racismo devem constituir um eixo da escuta psicológica e psicanalítica.

O livro *Tornar-se negro, ou As vicissitudes da identidade do negro brasileiro em ascensão social*, baseado em histórias de vida de negros e negras em processo de ascensão, circunscritos num único estado brasileiro, além de inovador, é potente, pois revela os danos do racismo em dimensão universal. A leitura leva à descoberta de como o racismo opera em nossas vidas, nefandamente, sempre atualizado e de acordo com as forças vigentes e seus projetos de dominação.

Os relatos contidos no livro ensinam-nos a nomear o racismo, o que faz total diferença. Em minha trajetória, nunca tive dúvidas de que eu era preta e gostava de sê-lo, mas não conseguia decifrar a angústia, o embaraço que eu vivenciava na relação com o outro, em especial na escola e no trabalho. Em 1976, quando fui interpelada por dois militantes[15] do movimento negro, o enigma começou a ser resolvido. Eles estavam empenhados na reativação do Centro de Cultura e Arte Negra – Cecan,[16] e, instigada, eu me aproximei, e eles me contaram o que era o racismo, o que ele produzia na vida das pessoas.

E tudo ganhou sentido, significado, nome: memórias remotas foram acionadas, e, como num filme, cenas foram se desenrolando e tomando conta de mim. Nesse momento, eu pude nomear aquele embaraço, aquela angústia, e fazer laço com a realidade.

Eu constatei a existência do racismo! Eu compreendi o que se operou em minha vida, durante anos: experiências de exclusão, discriminação e humilhação. Foi um processo vivido com muita dor, raiva, ódio e indignação, mas tão libertador. Surgia ali o sujeito e nascia a ativista. "O sujeito para a psicanálise é aquele que se constitui na relação com o Outro através da linguagem, é em relação a essa ordem simbólica que se pode falar em sujeito e subjetividade."[17]

Enquanto sujeito, surgiu a possibilidade de *tornar-me negra*, como descreve Neusa:

> A descoberta de ser negra é mais do que a constatação do óbvio. (Aliás, o óbvio é aquela categoria que só aparece enquanto tal depois do trabalho de se descortinar muitos véus.) Saber-se negra é viver a experiência de ter sido massacrada em sua identidade, confundida em suas perspectivas, submetida a exigências, compelida a expectativas alienadas. Mas é também, e sobretudo, a experiência de comprometer-se a resgatar a sua história e recriar-se em suas potencialidades.

A leitura de *Tornar-se negro*, mais tarde, ampliou a minha escuta e compreensão do processo de alienação. E, ao mesmo tempo, jogou luz no caminho ao encontro de mim mesma. Teve um efeito analítico, possibilitando também a entrada no simbólico.

O reencontro com a história do país, do Brasil escravagista, da violência racista contra os povos negro e indígena, lançou-me na luta contra todas as formas de discriminação e opressão, e levou-me também à psicologia e à psicanálise: uma trajetória de atuação no movimento negro e no movimento de mulheres negras. E, nesse caminho, foram possíveis muitas intervenções e a construção de ações, seja no Sistema Conselhos de Psicologia ou nas instituições de formação em psicanálise, sempre visando produzir implicação e reflexões críticas sobre o lugar social que negros, indígenas e brancos ocupam na sociedade brasileira.

A democratização da educação, do ensino, viabilizando o acesso de negros e indígenas, é um primeiro e importante passo, entretanto sem nenhuma efetividade se não houver implementação de condições à permanência e à ascensão, ou seja, (re)distribuição de espaços. A reedição de *Tornar-se negro* integra um movimento histórico de resgate de nossos ancestrais, daqueles que sedimentaram nossos caminhos — e, ao disseminar seus ensinamentos, ratificamos que nossos passos vêm de longe. Esse movimento tem gerado processos de identificação positiva com a negritude, algo que o racismo, estrategicamente, tenta destruir. Segundo Freud, "a identificação é conhecida pela psicanálise como a mais remota expressão de um laço emocional com outra pessoa".[18] E, essa é a nossa tarefa: ampliar processos que produzam identificação positiva e laço social, facilitadores de transformação pessoal e coletiva. Esta obra é uma oportunidade, para a psicanálise e para os psicanalistas, de compreender que, enquanto a branquitude mantiver seus privilégios, invisibilizando tudo que é não branco, também ela perde, não alargando seus horizontes.

Neusa dedicou-se à clínica e à transmissão de conhecimentos até o final de sua vida. Após a publicação de *Tornar-se negro*, a sua produção versou sobre loucura e prática psicanalítica. Depois de muita militância orgânica antirracista, ela entregou-se exclusivamente à psicanálise. Teria com isso deixado de militar? Não seria militância sustentar-se, ano após ano, em espaços "reservados" às pessoas não negras? Não seria militância lidar, cotidianamente, com a irracionalidade, a estupidez e o disparate próprios do racismo? Não teria ela escapado da armadilha que destina a luta antirracista somente às pessoas negras?

No texto "Contra o racismo: com muito orgulho e amor", que escreveu para o *Correio da Baixada* por ocasião do dia 13 de maio de 2008, ano de sua morte, Neusa nos dá a dimensão de seu envolvimento e comprometimento na luta contra o racismo. Ela nos remete a antigas questões, formuladas em *Tornar-se negro*, que ainda hoje são tão atuais e urgentes:

> Mas será que acabamos mesmo com a injustiça, com a humilhação e com o desrespeito com que o conjunto da sociedade brasileira ainda nos trata? [...] Será que, nesses 120 de abolição, conquistamos o direito de entrar e sair dos lugares como qualquer cidadão digno que somos? [...]
> Nesses 120 anos tivemos muitas conquistas e temos muito mais a conquistar. Nesses 120 anos vencemos muitas batalhas e temos muito mais a batalhar.
> Nesses 120 anos comemoramos muitas vitórias e temos muito mais a comemorar.
> A escravidão acabou, mas a nossa luta continua![19]

Como já mencionado, as mudanças provocadas pelas políticas de ações afirmativas no campo da educação, por exemplo, foram só o início: com a entrada de estudantes negros na universidade, poderemos constatar que as questões apontadas por Neusa em 1981 aparecem, na atualidade, de forma mais ampla, intensa e violenta, haja vista o elevado número de casos de adoecimento psíquico e de suicídio de estudantes negros. E, neste momento, em que se discute quais são as relações possíveis entre subjetividade e política, vale dizer o quão bem-vinda é a reedição de *Tornar-se negro*!

Por fim, com as palavras de Conceição Evaristo, desejo a todos uma leitura fecunda.

Gosto de escrever; na maioria das vezes dói, mas depois de o texto escrito é possível apaziguar um pouco a dor. Eu digo um pouco... Escrever pode ser uma espécie de vingança, às vezes fico pensando sobre isso. Não sei se vingança, talvez desafio, um modo de ferir o silencio imposto, ou, ainda, executar um gesto de teimosa esperança. Gosto de dizer ainda que a escrita é para mim o movimento de dança-canto que o meu corpo não executa, é a senha pela qual eu acesso o mundo.[20]

MARIA LÚCIA DA SILVA
São Paulo, 2021

MARIA LÚCIA DA SILVA é psicóloga e psicanalista, cofundadora do Instituto Amma Psique e Negritude, integrante da Articulação Nacional de Psicólogas(os) Negras(os) e Pesquisadoras(es) e Fellow da Ashoka – Empreendimento Social. É especializada em trabalhos de grupo, com recorte de gênero, classe e raça. Em suas próprias palavras: "De Oxóssi traz o compromisso com a comunidade, de Iansã, a percepção do poder da penetração do vento e de Obaluaiê, o cuidado, como herança, já presente em sua mãe afro-indígena e em seu pai benzedor".

Prefácio à edição original*
Da cor ao corpo: a violência do racismo

HÁ ONZE ANOS, publicavam-se em Paris as cartas de prisão do negro americano George Jackson. A Jean Genet coube a tarefa de introduzir a obra ao público francês. Introdução que, já no início, traía as expectativas do leitor, pois nada tinha em comum com os usuais prefácios ou comentários do gênero. Genet, o comentarista, tragado pela emoção do texto, despediu a pretensão da crítica, convertendo-se em aliado do combate e do amor do negro pelo negro. As cartas de Jackson, dizia ele, eram um "poema de amor e combate".

Prefaciar o presente livro colocou-nos diante de um dilema semelhante. Perguntamo-nos, insistentemente, o que acrescentar a esta denúncia feita de depoimentos que falam por si. A autora empresta seu talento aos oprimidos. Põe a serviço do negro sua generosidade e firmeza intelectuais. E, como resultado, temos esta condenação sem mágoas; este alerta que nos martela a consciência e ecoa nos ouvidos como um grande grito de solidariedade aos injustiçados.

Lendo este trabalho, não nos foi possível deixar de evocar a inscrição definitivamente gravada no monumento às ví-

---

* Texto escrito para a edição original de *Tornar-se negro*. Rio de Janeiro: Graal, 1983. Coleção Tendências, v. 4.

timas do holocausto nazista em Paris: *"Pardonne, mais n'oublie pas".**

Impossível, do mesmo modo, foi abordá-lo com o olhar de quem julga mais um produto de nossa incipiente indústria acadêmica de teses. A credibilidade do que é afirmado não nasce, primordialmente, dos conhecidos passaportes para o tantas vezes insípido mundo da respeitabilidade científica: "rigor teórico"; "coerência conceitual"; "fidedignidade do fato empírico" etc. Aqui, a dor cria a noção; a indignação, o conceito; a dignidade, o discurso.

Retomando as palavras de Marilena Chaui, diríamos que este não é um discurso competente. Nele, os cânones do protocolo científico, apesar de respeitados, não mumificam o saber. O esqueleto teórico-metodológico é apenas suporte de uma substância viva que pulsa, transpira e nos transmite um sentimento de honestidade radical. A crítica contundente não recorre ao ódio ou ao ressentimento para ser escutada. A *liberdade* e a *igualdade* são exigidas, reclamadas. Mas em nome da *fraternidade*. Não nos enganemos, esta adesão terna e apaixonada à verdade contra a opressão tem fornecido aquilo que de melhor possuímos nas ciências humanas.

Comentar um trabalho deste gênero exige, portanto, que abdiquemos rapidamente de nossos velhos hábitos de pensar. É inútil, neste caso, duelar com a palavra. Ou, o que é mais corrente, procurar cindi-la e buscar no verso e reverso de seu âmago a verdadeira intenção, ideologicamente travestida.

O trabalho crítico não deve procurar desvendar um suposto sentido latente emudecido pela ruidosa máscara do

---

* "Perdoe, mas não esqueça."

manifesto. Muito ao contrário, deve deixar-se conduzir pela visibilidade do testemunho daqueles a quem foi dada a palavra. Deve acompanhar a postura da autora, prolongando seus propósitos e intenções, quais sejam, tornar o saber um instrumento de transformação, e não um objeto de disputa escolástica.

Nesse sentido, o estudo sobre as vicissitudes do negro brasileiro em ascensão social levou-nos, incoercivelmente, a refletir sobre a *violência*. A violência parece-nos a pedra de toque, o núcleo central do problema abordado. Ser negro é ser violentado de forma constante, contínua e cruel, sem pausa ou repouso, por uma dupla injunção: a de encarnar o corpo e os ideais do ego do sujeito branco e a de recusar, negar e anular a presença do corpo negro.

Nisso reside, a nosso ver, a espinha dorsal da violência racista. Violência que, *mutatis mutandis*, poderia ajudar-nos a melhor entender o fardo imposto a todos os excluídos da norma psico-sócio-somática caiada pela classe dominante branca ou que se autodefine dessa maneira.

Em que consiste essa violência? A autora, sem ambiguidades, aponta-nos seu primeiro traço, visto sob o ângulo da dinâmica intrapsíquica. A violência racista do branco exerce-se, antes de mais nada, pela impiedosa tendência a destruir a identidade do sujeito negro. Este, através da internalização compulsória e brutal de um ideal do ego branco, é obrigado a formular para si um projeto identificatório incompatível com as propriedades biológicas do seu corpo. Entre o ego e seu ideal cria-se, então, um fosso que o sujeito negro tenta transpor às custas de sua possibilidade de felicidade, quando não de seu equilíbrio psíquico.

O ideal do ego do negro, em contraposição ao que ocorre regularmente com o branco, é forjado desrespeitando aquilo que, em linguagem psicanalítica, denominamos regras das identificações normativas ou estruturantes. Essas regras são aquelas que permitem ao sujeito ultrapassar a fase inicial do desenvolvimento psíquico em que o perfil de sua identidade é desenhado a partir de uma dupla perspectiva: 1) a perspectiva do olhar e do desejo do agente que ocupa a função materna; e 2) a perspectiva da imagem corporal produzida pelo imaturo aparelho perceptivo da criança.

A essa fase inaugural da construção da identidade do sujeito chamamos de narcísica, imaginária ou onipotente, termos indissociáveis e funcionalmente complementares na dinâmica mental que os preside e organiza.

As regras das identificações normativas ou estruturantes são uma barreira contra a perpetuação dessa posição originária da infância do homem. Acompanhando o desenvolvimento biológico da criança, elas permitem ao sujeito infantil o acesso à outra ordem do existente — a ordem da cultura —, em que a palavra e o desejo maternos não mais serão as únicas fontes de definição da "verdade" ou "realidade" de sua identidade. O dueto exclusivo entre a criança e a mãe é interrompido. Em primeiro lugar, pela *presença do pai* e, em seguida, pela *presença dos pares*, que serão todos os outros sujeitos exteriores à comunidade familiar.

Essas instâncias vão mostrar ao sujeito aquilo que lhe é permitido, proibido ou prescrito sentir ou exprimir, a fim de que sejam garantidos, simultaneamente, seu direito à existência, na condição de ser psíquico autônomo, e o da existência de seu grupo, enquanto comunidade histórico-social. As identificações normativo-estruturantes, propostas pelos pais aos filhos, são a mediação necessária entre o sujeito e a cultura. Mediação que se faz através das relações físico-emocionais criadas dentro da família e do estoque de significados linguísticos que a cultura põe à disposição dos sujeitos.

O ideal do ego é um produto da decantação dessas experiências. Produto formado a partir de imagens e palavras, representações e afetos que circulam incessantemente entre a criança e o adulto, entre o sujeito e a cultura. Sua função, no caso ideal, é a de favorecer o surgimento de uma identidade do sujeito, compatível com o investimento erótico de seu corpo e de seu pensamento, via indispensável a sua relação harmoniosa com os outros e com o mundo.

Ao sujeito negro, essa possibilidade é, em grande parte, sonegada. O modelo de ideal do ego que lhe é oferecido em troca da antiga aspiração narcísico-imaginária não é um modelo humano de existência psíquica concreta, histórica e, consequentemente, realizável ou atingível. O modelo de identificação normativo-estruturante com o qual ele se defronta é o de um fetiche: o *fetiche do branco*, da *brancura*.

Para o sujeito negro oprimido, os indivíduos brancos, diversos em suas efetivas realidades psíquicas, econômicas, sociais e culturais, ganham uma feição ímpar, uniforme e universal: a brancura. A brancura detém o olhar do negro antes que ele penetre a falha do branco. A brancura é abstraída, reificada, alçada à condição de realidade autônoma, independente de quem a porta como atributo étnico ou, mais precisamente, racial. A brancura é o fetiche simétrico inverso do que a autora designou por mito negro. Funciona como um pré-dado, como uma essência que antecede a existência e as manifestações históricas dos indivíduos reais, que são apenas seus arautos e atualizadores. O fetichismo em que se assenta a ideologia racial faz do predicado branco, a brancura, o "sujeito universal e essencial", e do indivíduo branco, da pessoa concreta, um "mero atributo contingente e particular".

Vítima dos efeitos dessa alienação, pouco importa, então, ao sujeito negro o que o branco real, como indivíduo ou grupo, venha a fazer, sentir ou pensar. Hipnotizado pelo fetiche do sujeito branco, ele está condenado a negar tudo aquilo que contradiga o mito da brancura.

O negro sabe que o branco criou a inquisição, o colonialismo, o imperialismo, o antissemitismo, o nazismo, o stalinismo e tantas outras formas de despotismo e opressão ao longo da história. O negro também sabe que o branco criou a escravidão e a pilhagem, as guerras e as destruições, dizimando milhares de vidas. O negro sabe igualmente que, hoje como ontem, pela fome de lucro e poder, o branco condenou e condena milhões e milhões de seres humanos à mais abjeta e degradada miséria física e moral.

O negro sabe tudo isso e, talvez, muito mais. Porém, a brancura transcende o branco. Eles — indivíduo, povo, nação ou Estado branco — podem "enegrecer-se". Ela, a brancura, permanece branca. Nada pode macular essa brancura que, a ferro e fogo, cravou-se na consciência negra como sinônimo de pureza artística; nobreza estética; majestade moral; sabedoria científica etc. O belo, o bom, o justo e o verdadeiro são brancos. O branco é, foi e continua sendo a manifestação do Espírito, da Ideia, da Razão. O branco e a brancura são os únicos artífices e legítimos herdeiros do progresso e desenvolvimento do homem. Eles são a cultura, a civilização; em uma palavra, a "humanidade".

O racismo esconde assim seu verdadeiro rosto. Pela repressão ou persuasão, leva o sujeito negro a desejar, invejar e projetar um futuro identificatório antagônico em relação à realidade de seu corpo e de sua história étnica e pessoal. Todo ideal identificatório do negro converte-se, dessa maneira, num ideal de retorno ao passado, no qual ele poderia ter sido branco, ou na projeção de um futuro, em que seu corpo e identidade negros deverão desaparecer.

Não é difícil imaginar o ciclo entrópico, a direção mortífera imprimida a esse ideal. O negro, no desejo de embranquecer, deseja nada mais, nada menos do que a própria extinção. Seu projeto é o de, no futuro, deixar de existir; sua aspiração é a de não ser ou não ter sido.

Essa é, de maneira sucinta, a argumentação nodal da autora quando desmonta e explicita os mecanismos da violência racista.

Porém, como não ver, através dessa mesma demonstração, que a *ideologia de cor* é, na verdade, a superfície de uma ideologia mais daninha, a *ideologia do corpo*. De fato, parece-nos evidente que o ataque racista à cor é o *close-up* de uma contenda que tem no corpo seu verdadeiro campo de batalha. Uma visão panorâmica rapidamente nos mostra que o sujeito negro, ao repudiar a cor, repudia radicalmente o corpo.

Nos depoimentos colhidos e nas análises feitas, a autora mostra como o mito negro constrói-se às expensas de uma desvalorização sistemática dos atributos físicos do sujeito negro. É com desprezo, vergonha ou hostilidade que os depoentes referem-se ao "beiço grosso" do negro; "nariz chato e grosso" do negro; "cabelo ruim" do negro; "bundão" do negro; "primitivismo" sexual do negro, e assim por diante.

O segundo traço da violência racista, não duvidamos, é o de estabelecer, por meio do preconceito de cor, uma relação persecutória entre o sujeito negro e seu corpo. O corpo ou a imagem corporal eroticamente investida é um dos componentes fundamentais na construção da identidade do indivíduo. A identidade do sujeito depende, em grande medida, da relação que ele cria com o corpo. A imagem ou o enunciado identificatório que o sujeito tem de si está baseado na experiência de dor, prazer ou desprazer que o corpo obriga-lhe a sentir e a pensar.

Para que o sujeito construa enunciados sobre sua identidade de modo a criar uma estrutura psíquica harmoniosa é necessário que o corpo seja *predominantemente* vivido e pensado como local e fonte de vida e prazer. As inevitáveis situações de sofrimento que o corpo impõe ao sujeito têm que ser "esquecidas", imputadas ao acaso ou a agentes externos ao corpo. Só assim o sujeito pode continuar a amar e cuidar daquilo que é, por excelência, condição de sua sobrevida.

No dizer de Piera Aulagnier, criadora da teoria que inspira esta reflexão, o futuro identificatório do sujeito depende dessa possibilidade de "inocentar" o corpo. Um corpo que não consegue ser absolvido do sofrimento que inflige ao sujeito torna-se um corpo perseguidor, odiado, visto como foco permanente de ameaça de morte e dor.

Pode-se imaginar quais as sequelas psíquicas derivadas desta última situação. A relação persecutória com o corpo expõe o sujeito a uma tensão mental cujo desfecho, como seria previsível, é a tentativa de eliminar o epicentro do conflito.

A partir do momento em que o negro toma consciência do racismo, seu psiquismo é marcado com o selo da perseguição pelo corpo-próprio. Daí por diante, o sujeito vai controlar, observar, vigiar esse corpo que se opõe à construção da identidade branca que ele foi coagido a desejar. A amargura, o desespero ou a revolta resultante da diferença em relação ao branco vai traduzir-se em ódio ao corpo negro.

A discriminação de que seu corpo é objeto não dá tréguas à humilhação sofrida pelo sujeito negro que não abdica de seus direitos humanos, resignando-se à passiva condição de "inferior". Curiosa e trágica contradição. É no momento mesmo em que o negro reivindica sua condição de igualdade perante a sociedade que a imagem de seu corpo surge como um intruso, como um mal a ser sanado, diante de um pensamento que se emancipa e luta pela liberdade. Um dos entrevistados dizia: "Eu sinto o problema racial como uma ferida. É uma coisa que penso e sinto todo o tempo. É um negócio que não cicatriza nunca".

Os esforços para curar a "ferida" vão então suceder-se numa escalada patética e dolorosamente inútil. Primeiro tenta-se metamorfosear o corpo presente, atual, de modo penoso e caricato. São os pregadores de roupa destinados a afilar o nariz, ou os produtos químicos usados para alisar o "cabelo ruim". Em seguida, vêm as tentativas de aniquilar, no futuro, o corpo rebelde à mutação no presente. São as uniões sexuais com o branco e a procriação do filho mulato. O filho mulato e o neto talvez branco representam uma louca vingança, suicida e homicida, contra um corpo e uma "raça" que, obstinadamente, recusam o ideal branco assumido pelo sujeito negro.

O andamento desse processo torna perceptível, assim, um outro fenômeno, tão bem anotado pela autora. O sujeito negro, possuído pelo ideal de embranquecimento, é forçado a querer destruir os sinais de cor do seu corpo e da sua prole. Mas, para executar esse intento, compromete seu pensamento com o trabalho de lidar quase que exclusivamente com afetos e representações vinculados à dor e à morte.

O pensamento do sujeito negro, parasitado pelo racismo, termina por fazer do prazer um elemento secundário na vida do corpo e da mente. Para o psiquismo do negro em ascensão, que vive o impasse consciente do racismo, o importante é saber, viver e pensar não o que poderia vir a dar-lhe prazer, mas o que é desejável pelo branco. E, como o branco não deseja o corpo negro, o pensamento vai encarregar-se de fazê-lo inexistir, desaparecer enquanto representação mental.

Esse é o terceiro elemento constitutivo da violência racista. O racismo que, através da estigmatização da cor, amputa a dimensão de prazer do corpo negro também perverte o pensamento do sujeito, privando-o da possibilidade de pensar o prazer, e do prazer de funcionar em liberdade. O pensamento do negro é um pensamento sitiado, acuado e acossado pela dor de pressão racista. Como consequência, a dinâmica da organização mental é subvertida. Um dos princípios régios do funcionamento psíquico, o princípio do prazer, perde a hegemonia de que goza na organização dos processos mentais. A economia psíquica passa a gravitar em torno da dor, deslocando o prazer do centro do pensamento.

Em termos psicanalíticos, afirmamos que o principal vetor de crescimento e desenvolvimento psicológicos é a experiência de satisfação. O sujeito busca sempre reencontrar na realidade um objeto que corresponda ao traço mnêmico de um objeto primordial, matriz de uma experiência de satisfação inesquecível. Esse movimento do psiquismo com vistas à reedição do prazer constitui o desejo. O desejo, em sua vertente erótica, é esse impulso, essa moção em direção ao objeto e à situação de prazer.

Nessa busca nostálgica da satisfação perdida, o sujeito esbarra-se, é inevitável, com a decepção. O prazer esperado, moldado pela lembrança do objeto ideal de outrora, jamais encontra na realidade o objeto adequado à fantasia. Todo objeto substituto do objeto primordial será falho, imperfeito, limitado. O desejo está fadado à incompletude.

Mas essa falta consubstancial ao desejo de prazer é o sal da terra do continente psíquico. A esperança de realizar o prazer sonhado leva o sujeito a se transformar, idealizando o futuro conforme seu ideal do ego, e a transformar o mundo na busca do objeto desejado. O pensamento, função e instrumento do ego na definição de sua identidade, ao se defrontar com a decepção, faz do desprazer o motopropulsor de novas esperanças e expectativas. A polarização prazer/desprazer faz o pensamento transitar na esfera de representações e afetos que concernem ao *prazer de pensar* e à possibilidade de viver, de novo, o prazer.

O desprazer, todos sabemos, não pertence a uma linhagem psíquica autônoma, diversa em natureza e objetivos da linhagem do prazer. Ele é tão somente o momento negativo, o passo atrás dado num processo imantado pela positividade da experiência de satisfação. Prazer e desprazer são facetas de uma mesma ordem de orientação psíquica, ou, caso se queira, de um mesmo princípio do funcionamento mental. Por conseguinte, o pensamento voltado para a elaboração do conflito estruturado pela oposição prazer/frustração é um pensamento fluido, criador, levado sempre adiante pela promessa de prazer do objeto idealizado.

Diversa é a situação do pensamento atraído para a órbita da dor. A dor não é um fenômeno pertencente à série de elementos que compõe o regime erótico. A experiência da dor inscreve-se no registro das representações e afetos adscritos à ordem da morte, da destruição. Diante da dor, o que interessa é recompor a integridade do aparelho psíquico esgarçado pelo estímulo excessivo. Na "experiência de dor", ao contrário da "experiência de satisfação", o movimento do psiquismo se enrijece. Reduz-se a acionar defesas cujo único objetivo é controlar, dominar, fazer desaparecer a excitação dolorosa. O modelo de compreensão das reações psíquicas face à dor é o da compulsão de repetição, como Freud demonstra a propósito das neuroses traumáticas.

O pensamento do sujeito em situação de dor permanece insensível ao apelo erótico. O refluxo narcísico em direção ao corpo-próprio ou ao ego, observável nesses casos, é um elemento coadjuvante no drama central do psiquismo. Os fenômenos narcísicos sublinhados nos quadros da "experiência de dor" representam, em nosso ponto de vista, uma neutralização, mais ou menos duradoura, mais ou menos extensa, do princípio do prazer. Quando a dor faz sua entrada na cena psíquica o prazer retira-se, recolhe-se aos bastidores.

A dor não nasce, portanto, da frustração, nem é sinônimo de desprazer. Sua origem não se encontra na decepção amorosa. Seu ponto de irradiação não é o obstáculo à realização do prazer, mas o rompimento da homeostase psíquica provocado por um trauma específico produzido pela *violência*.

Não iremos, no momento, nos deter nas justificativas metapsicológicas que apoiam as distinções que acabamos de propor. Em outros trabalhos, procuramos demonstrar as razões clínico-teóricas que sustentam a oposição entre "experiência de dor", fruto da violência, e "experiência de satisfação/frustração", correlato do princípio do prazer/desprazer. Basta-nos, agora, sem entrar em maiores considerações a respeito da natureza da *dor* e da *violência*, postular essa diferenciação interna ao campo psíquico. E assinalar que é nesse estreito quadrante que o pensamento do sujeito negro se debate.

A reação do pensamento negro frente à violência do ideal branco não é uma resposta ao desprazer da frustração, elemento periférico do conflito, mas uma réplica à dor. O sujeito negro, diante da "ferida" que é a representação de sua imagem corporal, tenta, sobretudo, cicatrizar o que sangra. É a esse trabalho de cerco à dor, de regeneração da lesão, que o pensamento se dedica. A um custo que, como se vê neste trabalho, será cada vez mais alto. O tributo pago pelo negro à espoliação racista de seu direito à identidade é o de ter de conviver com um pensamento incapaz de formular enunciados de prazer sobre a identidade do sujeito. O racismo tende a banir da vida psíquica do negro todo o *prazer de pensar* e todo o *pensamento de prazer*.

Pensar sobre a identidade negra redunda sempre em sofrimento para o sujeito. Em função disso, o pensamento cria espaços de censura à sua liberdade de expressão, e, simultaneamente, suprime retalhos de sua própria matéria. A "ferida" do corpo transforma-se em "ferida" do pensamento. Um pensamento forçado a não poder representar a identidade real do sujeito é um pensamento mutilado em sua essência. Os enunciados do pensamento sobre identidade do eu são enunciados constitutivos do próprio pensamento.

A violência racista subtrai do sujeito a possibilidade de explorar e extrair do pensamento todo o infinito potencial de criatividade, beleza e prazer que ele é capaz de produzir. O pensamento do sujeito negro é um pensamento que se autorrestringe. Que delimita fronteiras mesquinhas à sua área de expansão e abrangência, em virtude do bloqueio imposto pela dor de refletir sobre a própria identidade.

As estratégias, táticas e compromissos que o pensamento do sujeito negro cria diante do racismo demonstram o que foi afirmado. Através dos testemunhos dos negros entrevistados, é possível captar os rastros desse combate do pensamento contra a realidade do corpo e da identidade negros.

Um primeiro expediente do pensamento na luta contra a negritude em favor do ideal branco, já observamos, consiste em tentar reverter a situação biológica do corpo, por meio de técnicas, de correção física. O pensamento abandona a verdade partilhada pelo grupo cultural a respeito da imutabilidade das leis da hereditariedade. Deixa-se contaminar pela ilusão de poder interferir sobre o patrimônio genético, mediante o emprego de artefatos mecânicos aplicados à superfície corporal.

A inutilidade desse procedimento, comprovada ao longo das gerações, não tem o poder de desmentir a ficção psíquica de que o atributo étnico não é um atributo arbitrário, assim como o são os fatos da ordem da cultura. O negro herda de seus ancestrais a crença mágica na possibilidade de alterar o tipo racial sem atingir as estruturas genotípicas. A dissociação no campo do pensamento é evidente. Assim como ocorre com o branco em outros setores da existência e da experiência psicossociais, a racionalidade lógica não consegue sobrepor-se ao impulso irracional para a realização imaginária do desejo.

Para alguns, entretanto, essa etapa é vencida. A magia do procedimento consegue ser batida pelos desmentidos constantes da realidade. O pensamento avança, então, em direção a técnicas de mudanças mais exequíveis e eficazes. O sujeito já não mais tenta converter o corpo negro em corpo branco. Contenta-se em renegar o *estereótipo do comportamento negro*, copiando e assumindo um *estereótipo de comportamento* que pensa ser propriedade exclusiva do branco, e em cuja supremacia acredita.

O comportamento é, por sua natureza, mais plástico e flexível. A meio caminho entre o fato natural e o fato cultural, o comportamento ou conduta compõe-se, ao mesmo tempo, de elementos físicos, predicados morais, condutas sociais, maneiras de exprimir-se e possibilidades de localizar-se na ecologia urbana em situações de prestígio e ascensão social. Assim se exprimia uma entrevistada: "Aí eu não sabia meu lugar, mas sabia que negra eu não era. Negro era sujo, eu era limpa; negro era burro, eu era inteligente; era morar na favela, e eu não morava, e, sobretudo, negro tinha lábios e nariz grossos, e eu não tinha".

A combinação de certas regras de higiene com certas manifestações intelectuais une-se às condições de moradia e à miscigenação de traços físicos para definir um contorno de condutas e posturas físico-morais tidas como índices de brancura. O pensamento entrega-se a uma verdadeira garimpagem, tentando colher, na "ganga" do corpo negro, o "ouro puro" dos traços brancos. Os supostos predicados brancos são catados à lupa. Selecionados, catalogados e armazenados de tal sorte que o corpo e a identidade do sujeito são divididos em uma parte branca e outra negra. A primeira age, dessa forma, como um antídoto contra a total identificação do sujeito com a condição de negro.

O pensamento, nesse nível, opera um compromisso. Afirma e nega a presença da negritude. Admite, implicitamente, que o negro existe, quando enumera qualificativos brancos, cuja escassez nega, ao mesmo tempo, a totalidade. A submissão ao código do comportamento tido como branco concretiza a figura racista criada pela mistificadora democracia racial brasileira, a do "negro de alma branca".

No entanto, o exercício de negação da identidade do qual se livra o pensamento não chega, também nesse caso, a escotomizar a realidade da percepção. O pensamento não sucumbe por completo ao impacto da dor, interpretando a realidade corpórea de maneira totalmente fantasiada. Sua função essencial, a de dispositivo seletor e metabolizador de estímulos pulsionais e excitações vindas do mundo externo, resta intacta. A alteração que podemos notar circunscreve-se a certas zonas de sua organização ou a certos momentos de seu funcionamento.

Em outros casos, mais dramáticos, a distorção é bem maior e mais radical. Um depoente dizia: "Eu estava crescendo como artista e então ia sendo aceito. Aí eu já não era negro. Perdi a cor. [...] O racismo continuava. Eu era aceito sem cor, mas eu ia vivendo".

Perder a cor significa para o indivíduo uma sujeição completa ao imperativo racista. Aqui, pelo menos dois processos psíquicos de alteração do pensamento devem ser assinalados.

O primeiro deles concerne à relação do sujeito ao enunciado sobre a "verdade" de sua identidade, proferido pelo branco. O negro que perde a cor admite que essa metonímia do corpo e da identidade, qual seja a cor da pele, coincide com a totalidade desses dois existentes, ou seja, o corpo e a identidade, o que é eminentemente falso. Aderindo à ideologia racista da cor, o sujeito cauciona o mito negro fabricado pelo branco. Não apenas aceita sua cor como um predicado pejorativo como pensa que, suprimindo-a enquanto representação do espaço do pensamento, suprime sua identidade negra.

O mesmo mecanismo de construção da identidade total da pessoa a partir de um único atributo tem sua contrapartida na identificação do sujeito ao papel ou função social de *artista*. Deixando de ser negro para ser artista, o sujeito troca o atributo desprezado por um outro, apreciado e valorizado pelo branco. A situação de alienação, por ter sido invertida, não perde, entretanto, suas características fundamentais. Tanto faz "perder a cor" para se tornar "artista". O resultado é sempre o mesmo: a identidade negra existe como um apêndice do desejo e da palavra do branco.

Esse é o segundo processo a que fizemos referência. O sujeito negro, delegando ao branco o direito de definir sua identidade, renuncia ao diálogo que mantém viva a dinâmica do pensamento. Um pensamento privado do confronto com outro pensamento perde-se num solipsismo, cujas consequências são a autolegitimação absoluta da "verdade" pensada ou, inversamente, sua absoluta negação. Essa lei do tudo ou nada reenvia o pensamento do sistema que ordena os processos secundários ao sistema característico dos processos primários. Ou seja, o pensamento tende a romper seus elos com a realidade e a reforçar suas ligações com os processos que estruturam as leis do inconsciente, do imaginário, ou qualquer outro nome que se prefira.

Recorrendo, novamente, a Piera Aulagnier, diríamos que essa filiação do pensamento ao sistema dos processos primários não se dá, é claro, gratuitamente. Como mostra essa autora, o sujeito impelido a utilizar esse tipo de defesa procura fugir à "prova da dúvida", que surge do confronto com o pensamento de outro sujeito. Nesse confronto, as "verdades" narcísicas enunciadas sobre sua própria identidade podem ser contraditas, levando-o à experiência do sofrimento. Contudo, evitando o desprazer de duvidar e de ver infirmados seus enunciados de verdade, o sujeito também impede seu ingresso no terreno das rivalidades e acordos que formam as "verdades partilhadas" por seus pares, base do convívio humano e da sobrevivência cultural.

Essa tendência virtual à exclusão da "prova da dúvida" está presente em todo sujeito, dada a inclinação do psiquismo a evitar o desprazer. Contudo, para que essa virtualidade se atualize, é preciso: 1) que a "verdade" posta em dúvida atinja um aspecto neurálgico da identidade do sujeito; e 2) que este encontre na realidade um outro sujeito com as condições necessárias para fazê-lo crer, na ilusão de pensar em liberdade, sem duvidar.

Defrontado com uma ou outra circunstância, ou, ainda, com as duas simultaneamente, o sujeito é levado a abrir mão da arquitetura dialógica do pensamento. E, conforme a dinâmica e a trajetória de sua vida psíquica, isso pode ocorrer basicamente de duas maneiras.

Na primeira delas, o sujeito impermeabiliza o pensamento contra a intrusão do pensamento do outro. Encerra, por assim dizer, a comunicação com o exterior. Vai buscar no mundo interno — sensações físicas, afetos e representações — o aval para os enunciados de verdade sobre sua identidade. Temos em mente alguns tipos de pensamento psicótico ou até mesmo no pensamento de alguns toxicômanos, em que a dúvida sobre o que é pensado cessa de existir.

Na segunda, a direção do processo é como que invertida. O sujeito para de pensar autonomamente, conferindo a um outro o direito arbitrário e onipotente de definir a verdade indubitável sobre sua identidade. Essa possibilidade caracteriza o que Piera Aulagnier chamou de "estado de alienação".

Acreditamos que este último fenômeno descreve satisfatoriamente o que acontece com o pensamento do negro que "perde a cor" e a identidade negras para ganhar a "alma branca" (artística, folclórica), também definida pelo branco. Visando evitar a dor, o negro desiste de defender sua "verdade" contra a "verdade" da palavra branca. Expurga de seu pensamento os itens relativos à questão da identidade que ele poderia criar e outorga ao discurso do branco o arbitrário poder de definir o que ele pode ou deve pensar sobre si mesmo.

Todavia, os entraves ao livre exercício do pensar podem ir mais além. O sujeito, na tentativa de se desfazer da identidade negra, dissocia a percepção de sua representação psíquica. Cria no sistema do pensamento um ponto cego, ativamente encarregado de dissipar os traços das imagens e ideias constitutivas dessa identidade.

Aproximamo-nos, nesses limites, de um fenômeno francamente aparentado ao que conhecemos na clínica psicopatológica como alucinação negativa. E, assim como acontece na psicopatologia, o emprego dessa defesa traz consigo consequências drásticas. O repúdio à identidade persecutória, fundado na alucinação negativa, não consegue manter-se ao longo do tempo. Dinâmica e economicamente onerosa, essa defesa provoca uma espécie de exaustão na capacidade de pensar. A identidade negra, negativamente alucinada, pressiona as barreiras erguidas contra sua irrupção no espaço psíquico reservado às representações. O pensamento não resiste à tensão de continuar "representando-a em branco". Sua estrutura desmantela-se. Sua função de intérprete de percepções e emoções, desejos e defesas, cai por terra. O sujeito como que desiste de encontrar escapatórias e negociar soluções. A violência racista obtém seu máximo efeito.

Assistimos, então, à invasão catastrófica de afetos e representações sem nome ou sentido, com seus correlativos sentimentos de perda da identidade e despersonalização:

> Contam que [quando era pequena] eu falava muito sozinha, tinha amigos invisíveis, falava na frente do espelho. Era uma sensação de me reconhecer, de identidade minha, de me sentir; falava comigo mesma, me achava feia, me identificava como uma menina negra, diferente. Não tinha nenhuma menina como eu. Todas as meninas tinham o cabelo liso, nariz fino. Minha mãe mandava botar pregador de roupa no nariz para ficar menos chato. [...] Depois eu fui sentindo que aquilo [olhar no espelho] era uma coisa ruim. Um dia eu me percebi com medo de mim no espelho, e um dia tive uma crise de pavor, e foi terrível. Fiquei um tempo grande assim: não podia me olhar no espelho, com medo de reviver aquela sensação.

O nada, o vazio, tecido no lugar da representação da identidade negra, é subitamente preenchido. A identidade temida e odiada emerge como um corpo estranho que o pensamento, surpreendido em suas lacunas, não sabe qualificar. Após ter sido recusada, ou melhor, alucinada negativamente, volta à tona. Não com a "inquietante estranheza" do retorno do recalcado, mas com a tonalidade efetiva e representacional própria do fato alucinatório. O pavor sentido foi o produto de um pensamento que, momentaneamente, esvaiu-se, carregando em sua derrocada as defesas construídas contra o surgimento daquela identidade.

O percurso de vida dessa pessoa recapitula, de maneira translúcida, o que poderia ser tomado por uma história prototípica da violentação do negro pelo branco. É uma história psíquica na qual são admiravelmente resumidas as etapas de reação à violência, desde o momento inicial da resistência ao instante final da rendição.

No começo, era o diálogo com o espelho e com os interlocutores imaginários. Imagem comovente da solidão do sujeito face ao ambiente hostil. A entrevistada procura, sozinha, garantir seu direito a uma identidade passível de ser amada. No entanto, as reticências que acompanham o processo já dão mostras da dúvida que ela tinha em investir amorosamente na imagem do corpo e no ideal do ego negros. Em seguida, vem o confronto com o ideal do ego branco da mãe e da realidade racista do seu meio social. Nascem, então, a dor e a tentativa de forçar o espelho a reproduzir a imagem branca desejada ou, em caso de impossibilidade, a se opacificar, deixando de refletir a imagem negra desprezada. Finalmente, o tour de force agônico representado pela recusa em olhar o espelho que, retratando o estertor do pensamento, deixava passar, através das brechas das defesas, a imagem cautelosamente mantida à distância.

A violência racista pode submeter o sujeito negro a uma situação cuja desumanidade nos desarma e deixa perplexos. Seria difícil encontrar o adjetivo adequado para nomear essa odiosa forma de opressão. Mais difícil ainda, talvez, é entender a flácida omissão com que a teoria psicanalítica tratou até então esse assunto. Pensar que a psicanálise brasileira, para falar do que nos compete, conviveu tanto tempo com esses "crimes de paz", adotando uma atitude cúmplice ou complacente, ou, no melhor dos casos, indiferente, deve conduzir-nos a uma outra questão: que psicanálise é essa? Que psicanalistas somos nós?

De Wilhelm Reich, todos conhecemos a exortação que se tornou quase um símbolo de alerta contra a alienação: *Escuta, Zé Ninguém!* De Fanon, também conhecemos a mensagem vigorosa, emitida no mesmo diapasão: *Escuta, Branco!* Deste trabalho, parece surgir agora um apelo de timbre idêntico: *Escuta, Psicanalista!* Presta atenção a essas vozes que a autora nos fez ouvir. Ela nos mostra o que fomos incapazes de ver. Seus olhos, como disse Genet de Jackson, "são claros. Eu disse claros, e não azuis".

JURANDIR FREIRE COSTA
Rio de Janeiro, 1982

JURANDIR FREIRE COSTA é psiquiatra e psicanalista, com mestrado em etnopsiquiatria pela École Pratique des Hautes Études de Paris. Seu trabalho de pesquisa engloba diversos assuntos, como violência contra as minorias, psicoterapia de grupos, instituições psiquiátricas, identidade homoerótica, estudos sobre o romantismo amoroso e ética e formas de subjetivação. É professor titular aposentado do Instituto de Medicina Social da Uerj e psicanalista do Círculo Psicanalítico do Rio de Janeiro.

Introdução

UMA DAS FORMAS DE EXERCER AUTONOMIA é possuir um discurso sobre si mesmo. Discurso que se faz muito mais significativo quanto mais fundamentado no conhecimento concreto da realidade.

Este livro representa meu anseio e tentativa de elaborar um gênero de conhecimento que viabilize a construção de um discurso do negro sobre o negro, no que tange à sua emocionalidade.

Ele é um olhar que se volta em direção à experiência de se ser negro numa sociedade branca. De classe e ideologia dominantes brancas. De estética e comportamentos brancos. De exigências e expectativas brancas. Esse olhar se detém, particularmente, sobre a experiência emocional do negro que, vivendo nessa sociedade, responde positivamente ao apelo da ascensão social, o que implica a decisiva conquista de valores, status e prerrogativas brancos.

Este livro pretende estudar os passos dessa trajetória, seus pressupostos e desdobramentos.

A justificativa histórica deste trabalho se fundamenta na constatação inequívoca da precariedade, no Brasil, de estudos sobre a vida emocional dos negros e da absoluta ausência de um discurso, nesse nível, elaborado pelo negro acerca de si mesmo.

A outra justificativa, presença insólita ou grande ausente dos trabalhos acadêmicos, é de caráter emocional. A descoberta de ser negra é mais do que a constatação do óbvio. (Aliás, o óbvio é aquela categoria que só aparece enquanto tal depois do trabalho de se descortinar muitos véus.)[1] Saber-se negra é viver a experiência de ter sido massacrada em sua identidade, confundida em suas perspectivas, submetida a exigências, compelida a expectativas alienadas. Mas é também, e sobretudo, a experiência de comprometer-se a resgatar sua história e recriar-se em suas potencialidades.

Aqui esta experiência é a matéria-prima. É ela que transforma o que poderia ser um mero exercício acadêmico, exigido como mais um requisito da ascensão social, num anseio apaixonado de produção de conhecimento. É ela que, articulada com experiências vividas por outros negros e negras, transmutar-se-á num saber que — racional e emocionalmente — reivindico como indispensável para negros e brancos, num processo real de libertação.

O negro que se empenha na conquista da ascensão social paga o preço do massacre mais ou menos dramático de sua identidade. Afastado de seus valores originais, representados fundamentalmente por sua herança religiosa, o negro tomou o branco como modelo de identificação, como única possibilidade de "tornar-se gente".[2]

Este livro trata desse contingente de negros, no que diz respeito ao custo emocional da sujeição, negação e massacre de sua identidade original, de sua identidade histórico-existencial.

1. Antecedentes históricos da ascensão social do negro brasileiro: a construção da emocionalidade

A HISTÓRIA DA ASCENSÃO SOCIAL do negro brasileiro é, concomitantemente, a história da construção de sua emocionalidade, essa maneira própria, historicamente determinada, de organizar e lidar de forma dinâmica com o mosaico de afetos. Construção histórica, a emocionalidade do negro é vista aqui como um elemento particular que se subordina ao conjunto mais geral de injunções da história da formação social em que ele se inscreve.

Tendo que se livrar da concepção tradicionalista que o definia econômica, política e socialmente como inferior e submisso, e não possuindo uma concepção positiva de si mesmo, o negro viu-se obrigado a tomar o branco como modelo de identidade ao estruturar e levar a cabo a estratégia de ascensão social.*

---

* Ascensão social: movimento pelo qual um agente ou grupo social, realizando uma possibilidade de ascensão social, muda de uma classe social (ou de uma camada de classe) para outra socialmente considerada superior. Aqui, classe social é entendida como sendo a estratificação em termos de posição nos processos sociais de produção, dominação e ideologização, isto é, será tomada em conta não só a posição na instância econômica (compra ou venda da força de trabalho), mas também a relação dos agentes com o poder (lugar no aparelho jurídico-político do Estado) e com os emblemas de classes (valores éticos, estéticos etc.). (N. A.)

A sociedade escravista, ao transformar o africano em escravo, definiu o negro como raça, demarcou o seu lugar, a maneira de tratar e ser tratado, os padrões de interação com o branco, e instituiu o paralelismo entre cor negra e posição social inferior.[1]

Convém explicitar que raça aqui é entendida como noção ideológica, engendrada como critério social para distribuição de posição na estrutura de classes. Apesar de estar fundamentada em qualidades biológicas, principalmente a cor da pele, raça sempre foi definida no Brasil em termos de atributo compartilhado por um determinado grupo social, tendo em comum uma mesma graduação social, um mesmo contingente de prestígio e mesma bagagem de valores culturais.[2]

Na ordem social escravocrata, a representação do negro como socialmente inferior correspondia a uma situação de fato. Entretanto, a desagregação dessa ordem econômica e social e sua substituição pela sociedade capitalista tornou tal representação obsoleta. A espoliação social que se mantém para além da Abolição busca, então, novos elementos que lhe permitam justificar-se. E todo um dispositivo de atribuições de qualidades negativas aos negros é elaborado com o objetivo de manter o espaço de participação social do negro nos mesmos limites estreitos da antiga ordem social. "Os brancos isolavam certos aspectos do comportamento dos negros das condições que os produziram, passando a encará-los como atributos invariáveis da 'natureza humana' dos negros."[3]

Nas sociedades de classes multirraciais e racistas como o Brasil, a raça exerce funções simbólicas (valorativas e estratificadoras). A categoria racial possibilita a distribuição dos indivíduos em diferentes posições na estrutura de classe, conforme pertençam ou estejam mais próximos dos padrões raciais da classe/raça dominante.[4]

A definição inferiorizante do negro perdurou mesmo depois da desagregação da sociedade escravocrata e da sua substituição pela sociedade capitalista, regida por uma ordem social competitiva. Negros e brancos viam-se e entreviam-se através de uma ótica deformada consequente à persistência dos padrões tradicionalistas das relações sociais. O negro era paradoxalmente enclausurado na posição de liberto: a ele cabia o papel do disciplinado — dócil, submisso e útil[5] —, enquanto o branco agia com o autoritarismo, por vezes paternalista, que era característico da dominação senhorial. Esse lugar de inferioridade se espelhava no modo de inserção da população negra no sistema ocupacional das cidades:

> Uma parcela aparentemente pequena dessa população está inserida numa teia de ocupações e segundo posições típicas da estrutura ocupacional do sistema de classes. Outra parcela aparentemente considerável permanece presa a ocupações típicas da situação pré-industrial e pré-capitalista.[6]

Lutando, muitas vezes, contra a maré da dominação, o negro foi, aos poucos, conquistando espaços que o integravam à ordem social competitiva e lhe permitiam classificar-se no sistema vigente de classes sociais. A ascensão surgia, assim, como um projeto cuja realização traria consigo a prova insofismável dessa inserção. Significava um empreendimento que, por si só, dignificava aqueles que o realizassem. E mais: retirando-o da marginalidade social em que sempre estivera aprisionado, a ascensão social se fazia representar ideologicamente para o negro como um instrumento de redenção econômica, social e política capaz de torná-lo cidadão respeitável, digno de participar da comunidade nacional.

E como naquela sociedade o cidadão era o branco, os serviços respeitáveis eram os "serviços de branco", ser bem tratado era ser tratado como o branco. Foi com a disposição básica de ser gente que o negro organizou-se para a ascensão, o que equivale a dizer: foi com a principal determinação de assemelhar-se ao branco — ainda que tendo que deixar de ser negro — que o negro buscou, via ascensão social, tornar-se gente.

Incentivos e bloqueios a esse projeto eram engendrados pela estrutura das relações raciais, que se comportavam de modo ambíguo — ora impondo barreiras, ora abrindo brechas à ascensão social do negro — mas que, dentro dessa ambivalência, cumpriam as mesmas e inequívocas funções de fragmentar a identidade, minar o orgulho e desmantelar a solidariedade do grupo negro.[7]

O tripé formado pelo continuum de cor, ideologia do embranquecimento e democracia racial — sustentáculo da estrutura das relações raciais no Brasil — produziu as condições de possibilidade de ascensão do negro.

Constitutivo do primeiro elemento do tripé — o continuum de cor — era o fato de que branco e negro representavam apenas os extremos de uma linha ininterrupta na qual, às diferentes nuances de cor, se adscreviam significados diversos, segundo o critério de que quanto maior a brancura, maiores as possibilidades de êxito e aceitação.

A inexistência de barreiras de cor e de segregação racial — baluartes da democracia racial —, associada à ideologia do embranquecimento, resultava num crescente desestímulo à solidariedade do negro, que percebia seu grupo de origem como referência negativa, lugar de onde teria que escapar para realizar, individualmente, as expectativas de mobilidade vertical ascendente. O caráter individualista da ascensão era coerente com as prédicas da democracia racial que colocava ênfase na capacidade individual como responsável pela efetivação do projeto.[8]

Por outro lado, as inúmeras barreiras à conquista da ascensão social encontradas pelo negro contribuíram para ampliar o fosso que o separava de sua identidade enquanto indivíduo e enquanto grupo.

Herança da sociedade escravocrata, a desigualdade racial, que colocava o negro a reboque das populações nacionais, era preservada e reforçada pelo preconceito de cor que funcionava como mantenedor da hegemonia branca nas relações interraciais.

Um certo modo de reação apática, fruto da introjeção da imagem do negro constituída pelo branco, na qual o negro reconhece tacitamente sua inferioridade, e a postura evitativa da confrontação ombro a ombro com o branco eram tipos de resposta do negro ao preconceito de cor que não só se configuravam em obstáculos à ascensão, como redundavam em verdadeiros danos à sua imagem, conduzindo-o a avaliações autodepreciativas.[9]

O meio negro se dividia: de um lado ficavam aqueles que se conformavam com a "vida de negro" e, do outro, os que ousavam romper com o paralelismo negro/miséria. Uns e outros hostilizavam-se reciprocamente. Os primeiros, pelo ressentimento de não "subir na vida" e pela convicção de que perderiam o antigo companheiro, que, ao ascender, se afastaria do meio negro. Os outros, por um sentimento de retaliação frente à hostilidade dos primeiros e pela tendência a assimilar o discurso ideológico da democracia racial que vê o negro que não sobe como um desqualificado, do ponto de vista individual. Assim, o negro que conseguia romper com todas essas barreiras e ascender tornava-se exceção. E

> a condição sine qua non para a "pessoa de cor" contar como exceção ainda é a identificação ostensiva com os interesses, os valores e os modelos de organização da personalidade do "branco". Mesmo o negro e o mulato que não queiram "passar por branco" precisam corresponder aparentemente a esse requisito, onde e quando aspirem a ser aceitos e a serem tratados de acordo com as prerrogativas de sua posição social.[10]

Enquanto exceção, "confirmava a regra", já que seu êxito não trazia como consequência uma reavaliação das condições de possibilidade do negro enquanto grupo, nem uma mudança de sua posição na ordem social vigente. Como exceção, perdia a cor:

> deixa de ser "preto" ou "mulato" para muitos efeitos sociais, sendo encarado como "uma figura importante", ou "um grande homem" [...] Vê-se, assim, compelido a desfigurar-se material e moralmente. Tem de submeter-se, previamente, ao "figurino do branco". E, se isso não bastasse, precisa conformar-se aos papéis sociais ambíguos do "cavalheiro por exceção", em todas as circunstâncias sujeito a dar provas ultraconvincentes de sua capacidade de ser, de pensar e de agir como equivalente moral do "branco". Em suma, condena-se a negar-se duplamente, como

indivíduo e como parte de um estoque racial, para poder afirmar-se socialmente.[11]

A história da ascensão social do negro brasileiro é, assim, a história de sua assimilação aos padrões brancos de relações sociais. É a história da submissão ideológica de um estoque racial em presença de outro que se lhe faz hegemônico. É a história de uma identidade renunciada, em atenção às circunstâncias que estipulam o preço do reconhecimento ao negro com base na intensidade de sua negação.

2. O mito negro

QUANDO A NATUREZA TOMA O LUGAR da história, quando a contingência se transforma em eternidade e, por um "milagre econômico", a "simplicidade das essências" suprime a incômoda e necessária compreensão das relações sociais, o mito se instaura, inaugurando um tempo e um espaço feitos tanto de clareza quanto de ilusão. Clareza, ilusão e verossimilhança que são frutos de um poder constitutivo do próprio mito: o de dissolver, simbolicamente, as contradições que existem em seu redor.[1]

O mito é uma fala, um discurso — verbal ou visual —, uma forma de comunicação sobre qualquer objeto: coisa, comunicação ou pessoa. Mas o mito não é uma fala qualquer. É uma fala que objetiva escamotear o real, produzir o ilusório, negar a história, transformá-la em "natureza". Instrumento formal da ideologia, o mito é um efeito social que se pode entender como resultante da convergência de determinações econômico--político-ideológicas e psíquicas.

Enquanto produto econômico-político-ideológico, o mito é um conjunto de representações que expressa e oculta uma ordem de produção de bens de dominação e doutrinação.[2]

Enquanto produto psíquico, o mito resulta de um certo modo de funcionamento do psiquismo em que predominam o processo primário, o princípio do prazer e a ordem do imaginário.

O mito negro configura-se numa das variáveis que produz a singularidade do problema negro. Essa singularidade é tridimensionalmente organizada:

1) pelos elementos que entram em jogo na composição desse mito;

2) pelo poder que tem esse mito de estruturar um espaço, feito de expectativas e exigências, ocupado e vivido pelo negro enquanto objeto da história;

3) por um certo desafio colocado a esse contingente específico de sujeitos — os negros.

Incrustrado em nossa formação social, matriz constitutiva do superego de pais e filhos, o mito negro, na plenitude de sua contingência, se impõe como desafio a todo negro que recusa o destino da submissão. Interpelado num tom e numa linguagem que o dilacera inteiro, o negro se vê diante do desafio múltiplo de conhecê-lo e eliminá-lo. Como Édipo, se encontra frente a frente à Esfinge e seu enigma: é vital apoderar-se do conhecimento, desvendar a resposta e, assim, destruir o inimigo para seguir livre. Obviamente, cabe a negros e não negros a consecução desse intento, mesmo porque o mito negro é feito de imagos fantasmáticas compartilhadas por ambos. Razão maior para que tal empenho seja comum é o nosso anseio de construir um mundo em que não mais seja preciso dividi-lo entre negros e brancos. Entretanto, como objeto da opressão, cabe ao negro a vanguarda dessa luta, assumindo o lugar de sujeito ativo, lugar de onde se conquista uma real libertação.

O mito negro se constitui rompendo uma das figuras características do mito — a identificação — e impondo a marca do insólito, do diferente.[3]

Minha mãe dizia: "Você é um negro". Dizia isto me sacudindo... Pra mostrar que eu não era da mesma origem dela. (Pedro)

A marca da diferença começava em casa. O garoto, filho de homem negro e mulher branca, vivia cedo a experiência que fixava: "o negro é diferente". Diferente, inferior e subalterno ao branco. Porque aqui a diferença não abriga qualquer vestígio de neutralidade e se define em relação a um outro, o branco, proprietário exclusivo do lugar de referência, a partir do qual o negro será definido e se autodefinirá.

Assim é que, para se afirmar ou para se negar, o negro toma o branco como marco referencial. A espontaneidade lhe é um direito negado; não lhe cabe simplesmente ser — há que estar alerta. Não tanto para agir, mas sobretudo para evitar situações em que seja obrigado a fazê-lo abertamente.

Estou cansada de me impor. O negro não pode entrar num restaurante, por exemplo, naturalmente. Tem que entrar se impondo. (Sonia)

Há que estar sempre em guarda. Defendido. "Impor-se" é colocar-se de modo a evitar ser atacado, violentado, discriminado. É fazer-se perceber como detentor dos valores de pessoa, digno de respeito, portanto. Vivendo no mundo dos brancos, nos diz Fanon: "O negro deixa de se comportar como indivíduo capaz de ação. A finalidade de sua ação, então, será Outro (na forma de branco), porque somente Outro pode valorizá-lo".[4]

No negro, a marca da diferença, ferro em brasa que o separa do branco, é vivida não só no nível do seu comportamento externo: ele reedita essa desigualdade, introjetada no seu universo psíquico, quando, ao conviver com outro negro, seu semelhante, reproduz o ritual de separação, numa cisão caricata que leva Frantz Fanon a dizer: "O negro tem duas dimensões. Uma com seu congênere, outra com o branco. Um mesmo negro se comporta de modo diferente com um branco e com outro negro".[5] É também isto o que revela Carmem, ao falar sobre o "primitivismo" do negro:

> Eu generalizo isso pra todos os negros: os que chegaram às classes altas e os que não chegaram. Os que chegaram às classes altas, com os brancos são racionais; com os negros soltam tudo, ficam emocionais. É o primitivismo. (Carmem)

O irracional, o feio, o ruim, o sujo, o sensitivo, o superpotente e o exótico são as principais figuras representativas do mito negro. Cada uma delas se expressa através de falas características, portadoras de uma mensagem ideológica que busca afirmar a linearidade da "natureza negra" enquanto rejeita a contradição, a política e a história em suas múltiplas determinações.

A representação do negro como elo entre o macaco e o homem branco é uma das falas míticas mais significativas de uma visão que o reduz e cristaliza à instância biológica. Essa representação exclui a entrada do negro na cadeia dos significantes, único lugar de onde é possível compartilhar do mundo simbólico e passar da biologia à história.

> Eu me assumia como negro: ir aos lugares e saber que eu era diferente dos outros. Eu era negro, mas diferente: sabia segurar

num garfo, não era um macaco, sabia tocar piano... Muita coisa tenho assimilado do branco: comer de garfo e faca, ser simpático... (Pedro)

O nosso interlocutor denuncia ainda a identificação do negro com o despossuído: de valores, de civilidade, de humanidade. Sua voz faz coro com outra que explicita o paralelismo entre negro e miséria, canto atávico remanescente do período abolicionista, que marca sua presença ainda hoje como estigma em torno do mundo instável da classe média negra.

Minha avó, ela diz que quer casar de novo. "Casar com um francês pra clarear a família". Quando a gente [as netas] está namorando, ela pergunta se é preto ou branco. Diz que tem que clarear a família. O clarear não é só a questão da pele, porque o negro é símbolo da miséria, de fome. De repente, clarear é também a ascensão econômica e social. Se for um cara negro que tenha condição econômica e social boa, tudo bem. Tem um lance de cor, mas no sentido de que a cor [preta] lembra miséria. (Carmem)

Comecei a transar o movimento Negro, tipo *"Black is beautiful"*, mais pelo lado da beleza, do sexo... Aí tinha uns lances de cantar em festival... Eu queria ser uma crioula grande! Meu nome no prédio era Carmem Davis [uma alusão a Angela Davis]. Acho que o que me faz sempre fugir do lance negro é o lance da pobreza — pobreza em todos os sentidos: financeira e intelectual. Acho que emocionalmente sou pela burguesia negra... Depois descobri que se podia ser negro e intelectual, ser negro e não ter que ser pobre. Ser negro sem ter que voltar às origens — viver na favela. (Carmem)

É a autoridade da estética branca que define o belo e sua contraparte, o feio, nesta nossa sociedade classista, em que os lugares de poder e tomada de decisões são ocupados hegemonicamente por brancos. É ela que afirma: "o negro é o outro do belo". É essa mesma autoridade que conquista, de negros e brancos, o consenso legitimador dos padrões ideológicos que discriminam uns em detrimento de outros.

[Meu pai, mulato] é uma pessoa muito bonita: nariz afilado, não tem beiço, pode passar por branco. Como é careca, não dá muito pra ver o cabelo ruim do crioulo. (Luísa)

Eu nunca achei que era nada racial. Achava que era porque eu era muito feia. Aceitei o jogo dele me minimizar. Namoramos assim dois anos e pouco. [...] Ele não me assumia pra fora. Mas [eu] ficava contente porque, no fundo, ele me curtia. Nunca achei que devia discutir isso. Ele já era uma grande aquisição minha, porque era bonito, cobiçado, e estava comigo. (Luísa)

[Eu] me achava feia. Quando tinha seis, sete anos, eu queria ser freira. Eu pensava assim: gente feia casa com gente feia. Eu sou feia, não quero casar com gente feia, vou ser freira. [...] Eu era muito invejosa; inveja do físico das pessoas. Achava que as pessoas eram muito mais bonitas que eu. (Luísa)

O sujo está associado ao negro: à cor, ao homem e à mulher negros. A linguagem gestual, oral e escrita institucionaliza o sentido depreciativo do significante negro: o *Aurélio*, por exemplo — para citar apenas um dos nossos mais conceituados dicionários — vincula ao verbete "negro" os atributos sujo e sujeira, entre dez outros de caráter pejorativo.[6]

O negro acreditou no conto, no mito, e passou a ver-se com os olhos e a falar a linguagem do dominador.

> E existe o racismo do negro contra o negro. Eu fui barrado na porta do Conservatório Nacional de Teatro, e depois soube que o porteiro (que era negro) teve vergonha de eu ser negro e fazer sujeira por lá. (Correia)

Castrado em sua iniciativa, tolhido em sua espontaneidade, o negro passou a reagir, em vez de agir e até mesmo evitar a ação.

> Eu nunca dormi com uma mulher branca... Com a mulher negra posso expor, discutir qualquer problema sem medo, falar, fazer. Com a mulher branca, posso fazer qualquer coisa em termos sexuais, o que é normal fazer, e ser mal interpretado: "coisa de negro, coisa suja". (Sales)

Houve quem acreditasse que a sujeira vinha das entranhas, do útero, órgão matriz.

> [Minha avó] não gostava de negro. Dizia que crioulo, sobretudo o negro, não prestava: "Se você vir confusão, saiba que é o negro que está fazendo; se você vir um negro correr, é ladrão. Tem que casar com um branco pra limpar o útero". (Luísa)

Alguns estereótipos que constituem a mitologia negra adquirem, no nível do discurso, uma significação aparentemente positiva.

O "privilégio da sensibilidade", que se materializa na musicalidade e ritmicidade do negro, a singular resistência física e a extraordinária potência e desempenho sexuais são atributos que revelam um falso reconhecimento de uma suposta superioridade negra. Todos esses "dons" estão associados à "irracionalidade" e ao "primitivismo" do negro, em oposição à "racionalidade" e ao "refinamento" do branco. Quando se fala na emocionalidade do negro é quase sempre para lhe contrapor a capacidade de raciocínio do branco.

> O negro tem uma sensibilidade diferente. Uma forma sentimental diferente. Uma entrega maior. Tudo que penetra. Parece que o negro está menos amortecido pra sensibilidade. Tem mais dificuldades de ser racional, aí se joga pro emocional. Ele tem uma coisa de jogar mais sentimento no que faz. É mais primitivo, mais humano, mais artesanal. Primitivo no sentido de primário, primeiro: a emoção é primária à razão. Talvez o discurso racista tenha razão quando diz que o negro é mais emocional. (Carmem)

Resquício do período escravista, em que o negro era a "besta de carga", sua decantada resistência física está associada a um destino mítico que lhe garante a necessária competência para as tarefas árduas.

Florestan Fernandes nos mostra como o folclore brasileiro registra e testemunha, em sua tradição oral, a existência dessa associação:

O negro é burro de carga
O branco é inteligente
O branco só não trabalha
Porque preto não é gente.

Quem diz que preto se cansa
Não tem boa opinião
Se trabalha o dia inteiro
De noite inda faz serão.

Negro é bicho safado
Tem fôlego de sete gatos
Não fica doente nunca
Esse pé de carrapato.[7]

A superpotência sexual é mais um dos estereótipos que atribui ao negro a supremacia do biológico, e, como os da resistência física e da "sensibilidade privilegiada", reafirma a representação de animalidade no negro, em oposição à sua condição histórica, à sua humanidade.

Assim, "os traços que poderiam caracterizar o negro como superior são aqueles que simbolizam uma verdadeira inferioridade e que definem 'a besta'".[8]

Passaram por nossos olhos, ouvidos e pele fragmentos de discursos, colhidos das histórias de vida dos nossos entrevistados, nos quais ouvimos falar o negro enquanto sujeito que introjeta, assimila e reproduz, como sendo seu, o discurso do branco. O discurso e os interesses. Tal façanha — a hegemonia dos interesses dominantes — é viabilizada pela eficácia dos mecanismos ideológicos cuja garantia, em nível psíquico, é assegurada por certas articulações estruturais e transações psicodinâmicas que cumpre elucidar. Assim é que se impõe o exame de dois conceitos fundamentais, narcisismo e ideal do ego, forças estruturantes do psiquismo que desempenham um papel-chave na produção do negro enquanto sujeito — sujeitado, identificado e assimilado ao branco.

3. Narcisismo e ideal do ego

É PRECISO QUE HAJA UM MODELO a partir do qual o indivíduo possa se constituir — um modelo ideal, perfeito ou quase. Um modelo que recupere o narcisismo original perdido, ainda que seja através de uma mediação: a idealização dos pais/substitutos e ideais coletivos. Esse modelo é o ideal do ego.[1]

O ideal do ego não se confunde com o ego ideal.

O ego ideal, instância regida pelo signo da onipotência e marcada pelo registro do imaginário, caracteriza-se pela idealização maciça e pelo predomínio das representações fantasmáticas.

O ideal do ego é do domínio do simbólico. Simbólico quer dizer articulação e vínculo. Simbólico é o registro ao qual pertencem a ordem simbólica e a lei que fundamenta essa ordem. O ideal do ego é, portanto, a instância que estrutura o sujeito psíquico, vinculando-o à lei e à ordem. É o lugar do discurso. O ideal do ego é a estrutura mediante a qual "se produz a conexão da normatividade libidinal com a cultural.[2]

Realizar o ideal do ego é uma exigência — dificilmente burlável — que o superego vai impor ao ego. E a medida de tranquilidade e harmonia interna do indivíduo é dada pelo nível de aproximação entre o ego atual e o ideal do ego. "Há sempre uma sensação de triunfo quando algo no ego coincide com o ideal do ego. E o sentimento de culpa (bem como o de inferioridade) também pode ser entendido como uma tensão entre o ego e o ideal do ego."[3]

E o negro?

O negro de quem estamos falando é aquele cujo ideal do ego é branco. O negro que ora tematizamos é aquele que nasce e sobrevive imerso numa ideologia que lhe é imposta pelo branco como ideal a ser atingido, e que endossa a luta para realizar esse modelo. Como se constrói o ideal do ego desse negro?

Ouçamos o que ele diz:

> Meus pais, quando casaram, foram viver no interior. Era a elite da cidade: ele médico, ela professora. Fui criado nesse contexto. Não havia nenhum empenho por parte dos meus pais em reconstruir o percurso, as raízes negras de minha família. [...] Passei minha infância aí, arrodeado daquele zelo que cerca as elites. Meus pais não me deixaram ir à escola para não me misturar com os meninos, aquela gente pobre. Só fui para a escola aos dez anos, quando fui para a capital fazer o ginásio. Me alfabetizei em casa, com uma tia que era professora e tinha as tinturas da capital. Lá fui estudar num colégio de elite... Tinha uma coisa de nobreza, uma atmosfera de nobreza, ainda que decadente, em torno de minha família... (Alberto)

O figurino é branco, em seus diversos matizes. Aqui, branco quer dizer aristocrata, elitista, letrado, bem-sucedido. Noutro momento, branco é rico, inteligente, poderoso. Sob quaisquer nuances, em qualquer circunstância, branco é o modelo a ser escolhido. Escolha singular, fixada à revelia de quem apenas deve a tal modelo configurar-se.

Na construção de um ideal do ego branco, a primeira regra básica que ao negro se impõe é a negação, o expurgo de qualquer "mancha negra". É a voz de um dos nossos entrevistados que ecoa pungente em nossos tímpanos:

> Não havia nenhum empenho por parte de meus pais em reconstruir o percurso, as raízes negras de minha família. Havia um evitar velado, meio inconsciente, da história das raízes negras de minha família. (Alberto)

Às vezes, essa rejeição, levada ao nível do desespero, violenta o corpo físico. E então, algo mais para além do corpo biológico — o corpo erógeno, de que nos fala Serge Leclaire,[4] é crucialmente lesado:

> Contam que [quando era pequena] eu falava muito sozinha, tinha amigos invisíveis, falava muito na frente do espelho. Era uma sensação de me reconhecer, de identidade minha, de me sentir; falava comigo mesma, me achava feia, me identificava como uma menina negra, diferente. Não tinha nenhuma menina como eu. Todas as meninas tinham o cabelo liso, nariz fino. Minha mãe mandava botar pregador de roupa no nariz pra ficar menos chato. [...] Depois eu fui sentindo que aquilo [olhar no espelho] era uma coisa ruim. Um dia eu me percebi com medo de mim no espelho, e um dia tive uma crise de pavor, e foi terrível. Fiquei um tempo grande assim: não podia me olhar no espelho, com medo de reviver aquela sensação. (Luísa)

> C. [primeiro homem com quem teve um relacionamento afetivo-sexual] era branco, família branca, e morava em Ipanema. [...] Eu

sentia vergonha do meu corpo. Eu queria transar no escuro. Ele é que, aos poucos, foi me mostrando que as coisas eram diferentes. Eu me sentia gostada. Ele me ensinava a gostar de meu corpo. Mas eu fui ficando cada vez mais fechada, me sentia ameaçada por todos em relação a C. Tinha medo de tudo. Foi um lance racial: eu estava vivendo um lance de ser mulher negra para o C., mas não tava conseguindo ser mulher negra para mim mesma. Aí ele destransou. Fiquei quase louca... (Carmem)

Os antepassados ocupam um lugar privilegiado na história do negro, particularmente do negro brasileiro. Substancialmente investidos de energia libidinal, suas palavras têm estatuto de verdade e força de lei, e seus projetos não realizados são o destino dos descendentes. Assim, essas figuras ancestrais — mais ou menos remotas — constroem o sistema superego ideal do ego, viabilizando a interiorização das exigências e ideais a serem cumpridos por filhos, netos, bisnetos, ad infinitum.

Minha avó, ela diz que quer se casar de novo. "Casar com um francês pra clarear a família." Quando a gente [as netas] está namorando, ela pergunta se é preto ou branco. Diz que tem que clarear a família. O clarear não é só a questão da pele, porque o negro é símbolo da miséria, de fome. De repente, clarear é também a ascensão econômica e social. Se for um cara negro que tenha condição econômica e social boa, tudo bem. Tem um lance de cor, mas no sentido de que a cor [preta] lembra miséria. O preto [para ser aceito como possível integrante da família] tem que ter curso superior. Se for um branco, não precisa. Principalmente em relação a nós — filhos do único filho dela que ascendeu

— tem muita expectativa. Nós somos os filhos do PROFESSOR... (Carmem)

[Minha avó] era bem negra. Nariz grosso, beiços grossos, voz grossa. [...] Não gostava de negro. Dizia que [...] "se você vir confusão, saiba que é o negro que está fazendo; se você vir um negro correr, é ladrão. Tem que casar com um branco pra limpar o útero". (Luísa)

O contexto familiar é o lugar primeiro em que a ação constituinte do ideal do ego se desenrola. É aí que se cuida de arar o caminho a ser percorrido, antes mesmo que o negro, ainda não sujeito, a não ser ao desejo do Outro, construa o seu projeto de chegar lá. Depois, é a vida de rua, a escola, o trabalho, os espaços do lazer. Muitas vezes, é nesses lugares segundos, plenos de experiências novas, que o ideal do ego — cujas vigas mestras já foram erigidas — encontra ocasião de se reforçar, assim adquirindo significado e eficácia de modelo ideal para o sujeito.

Quando minha avó morreu, meu pai se amigou com uma mulher e foram morar lá em casa. Aí as coisas mudaram, e só aguentei uns três anos. Fugi de casa e fui morar com minha mãe. Minha mãe era empregada doméstica na Gávea. Aí as coisas mudaram: em Cordovil eu era o rei; na Gávea eu era formiga. Em Cordovil eu morava no morro, no alto, via tudo lá de cima. Zona Sul é outro mundo. Eu tinha medo. Quando eu entrava no ônibus, tinha medo de apertar a campainha, comecei a me policiar. Uma chama que já tinha dentro de mim começou a aumentar muito: vontade de um dia apertar bem a campainha do ônibus, de ter uma posição, entrar dentro do jogo, o jogo da Zona Sul: ou você entra no jogo ou passa a ser mais um... Vivemos no sistema capitalista — o negócio é ter grana... O negro tem que estar na frente e sobretudo atrás das máquinas — dirigindo os botões... Eu nunca estou contente com o que tenho, eu sempre quero alguma coisa a mais. Estou sempre a buscar alguma coisa. (Correia)

Numa sociedade multirracial, racista, de hegemonia branca, o "a posteriori"[5] se produz no momento em que o negro enfrenta peito a peito as condições concretas de opressão em que está imerso.

O cotidiano é pródigo em situações em que o negro se vê diante de falsas alternativas, insatisfatórias todas: afirmação/negação, exploração, dominação/submissão.

O discurso do nosso Correia é radical: na formação do ideal do ego, não lhe escapa nenhuma das características básicas do modelo racista e capitalista. Seu ideal do ego é fundado na dupla opressão de classe e de cor.

Radicalização maior podemos ver em Natanael, que toma como modelo não só o dominador mas o ideal do ego do dominador.

[O passado escravista] não interfere em nada. Para algumas pessoas, sim. Mas para os que não têm essa mentalidade de escravo, que até se acham superiores, isso não interfere em nada. (Natanael)

Nesse discurso encontramos, ainda, uma marca característica da cultura ocidental e branca em que estamos imersos: o individualismo — a doutrina e a apologia da responsabilidade individual.

Continua Natanael:

> A maior parte dos negros não consegue um lugar ao sol por suas próprias incapacidades: preguiça, falta de força de vontade. Apesar dos obstáculos, eu consegui o maior posto dentro do navio, depois do comandante.

Colocando-se como exemplo, Natanael, a um só tempo, reforça a tese de que ao indivíduo cabe o lugar decisivo na história e — "exceção que confirma a regra" — fortalece os estereótipos que depreciam o grupo ao qual nega e recusa sua pertinência. É assim que ele conclui a entrevista:

> O negócio é ir em frente, esquecer esse negócio de raça e vencer.

O relacionamento entre o ego e o ideal do ego é vivido sob o signo da tensão. E como não ser, se o superego bombardeia o ego com incessantes exigências de atingir um ideal inalcançável?

O negro, certamente, não é o único a viver essa experiência. É certo que existe sempre, em todo sujeito não psicótico, uma relação de tensão entre essas instâncias, devido a um quantum de insatisfação resultante do inexorável fracasso em atingir o ideal desejado. O ideal desejado é a identidade com o ego ideal, formação intrapsíquica definida como "ideal narcísico de onipotência forjado a partir do modelo do narcisismo infantil".[6] Contudo, há degraus, níveis variáveis de insatisfação. Num registro simbólico, lugar em que opera a conduta neurótica que nos interessa aqui, esses níveis de frustração serão definidos, em última instância, pela relação estabelecida entre o ego atual e o ideal do ego. No negro, do qual falamos, essa relação caracteriza-se por uma acentuada defasagem traduzida por uma dramática insatisfação, a despeito dos êxitos objetivos conquistados pelo sujeito.

> Eu nunca estou contente com o que tenho, eu sempre quero alguma coisa a mais. Estou sempre a buscar alguma coisa. (Correia)

Esta é a expressão fidedigna daquilo que identificamos como a tentativa de aproximação do ego em relação ao ideal do ego.

Nessa tentativa de realização — tão imperiosa quanto impossível —, o ego lança mão de táticas diversas, cujo denominador comum se faz representar por um redobrar permanente de esforços, por uma potencialização obrigatória de suas capacidades:

> [Eu era a] primeira aluna da classe. Adorava estudar. [...] Minha afirmação sempre foi o estudo. [...] Na prova de admissão, foi a primeira vez que senti aquela responsabilidade de ser inteligente e então ter que passar. Eu tinha que ser a melhor, eu me exigia muito. Mais até que meus irmãos, mas todos sentiam a pressão de fora. (Luísa)

> Estava acabando o ginásio. Comecei a fazer teatro na escola. [...] Teve o festival de música — eu fui a melhor intérprete. E, no final do ano fui escolhida como a melhor aluna da turma, foi uma glória! Fiz o discurso do término do curso, passei a bandeira pra outra turma, uma glória! A coisa da glória nos estudos era um papel que eu já tinha cumprido, [...] que ia me acompanhar pro resto da vida. (Luísa)

> [...] Resolvi fazer medicina — não sei direito por quê — mas deve ter sido o resultado de toda uma estruturação de minha vida.

Eu tinha que escolher a carreira mais nobre, o vestibular mais difícil. (Luísa)

Pra mim, um homem negro tinha que ser especial. Ser muito melhor que o branco, se destacar, ser como eu. Teria que ser lindo! Muito bonito, muito inteligente. Nunca me apareceu um homem assim... (Luísa)

Me apaixonei pelo Sílvio, o homem negro, presidente do diretório, paixão da maioria das mulheres, bonito, inteligente, líder, casado. [... A mulher dele] era branca [...]. E eu acho que fui a primeira mulher negra por quem ele conseguiu se interessar. Mas acho que não é só isso. Era também a curtição de eu ser negra. A curtição é como ser a mais tudo: a mais bonita, a mais inteligente, a mais sensual. A responsabilidade, a exigência... Ser negro é ter que ser o mais. (Luísa)

Nas minhas fantasias eu tenho muito dinheiro... Tenho uma fantasia de ter terras de montão, casa grande — não para dar lucro, nem para grandes plantações. É para curtir mesmo as coisas da fazenda [...]. Tenho também fantasias de sucesso: descobrir alguma coisa interessante, escrever um livro muito importante. Ganhar o prêmio Nobel... (Eunice)

Eu sempre gosto que as pessoas digam que eu sou inteligente, que, apesar de todos os defeitos, isso é o que ressai em mim. (Eunice)

Eu não aceito ser uma pretinha. Quero ser a crioula maravilhosa. O branco aceita a mistificação do negro: "Sou preta sim, mas até consigo ser melhor que vocês". (Carmem)

Ser o melhor! Na realidade, na fantasia, para se afirmar, para minimizar, compensar o "defeito", para ser aceito. Ser o melhor é a consigna a ser introjetada, assimilada e reproduzida. Ser o melhor, dado unânime em todas as histórias de vida.

Para o negro, entretanto, ser o melhor, a despeito de tudo, não lhe garante o êxito, a consecução do ideal. É que o ideal do ego do negro, que é em grande parte constituído pelos ideais dominantes, é branco. E ser branco lhe é impossível.

Dilacerante, crua, cruenta descoberta...

Diante da experiência do inverossímil, frente à constatação dramática da impossibilidade de realizar o ideal, o negro vislumbra duas alternativas genéricas: sucumbir às punições do superego ou lutar, lutar ainda mais, buscando encontrar novas saídas.

A primeira alternativa genérica — sucumbir às punições do superego — é representada pela melancolia, em seus diferentes matizes e gradações. Aqui, o sentimento de perda da autoestima é o dado constante que nos permite unificar numa mesma categoria — melancolia — as diferentes feições dessa condição psicopatológica que denuncia a falência do ego. "Uma parte da autoestima é primária — o resíduo do narcisismo infantil; outra parte decorre da onipotência que é corroborada pela experiência (a realização do ideal do ego), enquanto uma terceira parte provém da satisfação da libido objetal."[7]

Sentimentos de culpa e inferioridade, insegurança e angústia, atormentam aqueles cujo ego caiu em desgraça diante do superego. A distância entre o ideal e o possível cria um fosso vivido com efeito de autodesvalorização, timidez, retraimento e ansiedade fóbica.

O C. era branco, família branca, e morava em Ipanema. Senti aí todos os complexos. Ia na casa dele morrendo de vergonha. Só me relacionava bem com ele na faculdade [...]. Me sentia rejeitada nos lugares, não conseguia dar uma palavra. Eu não conseguia nem transar meu estereótipo, minha imagem de mulher maravilhosa. Não me sentia respeitada pelos amigos dele, me sentia insegura. É como se eu apresentasse uma imagem e não fosse nada daquilo [...]. Eu sentia vergonha do meu corpo. Eu queria transar no escuro [...]. Eu fui ficando cada vez mais fechada, me sentia ameaçada por todos em relação a C. Tinha medo de tudo. (Carmem)

Fiquei apaixonada, mas ele já estava começando o processo de um novo casamento, e sofri muito. Eu fiquei de terceira. Ela era branca, mais madura, já era uma mulher com filho [... . Eu] achava ela mais segura, mais forte... Fiquei achando que estava cumprindo o papel da mulher negra: a amante. Os homens ficavam com as mulheres brancas. (Luísa)

Autodesvalorização e conformismo, atitude fóbica, submissa e contemporizadora são experiências vividas por nossos entrevistados — humilhados, intimidados e decepcionados consigo próprios por não responderem às expectativas que impõem a si mesmos, por não possuírem um ideal realizável pelo ego.

Eu capitalizava as reações negativas que me levavam à humilhação e ao recolhimento. Reagia com pânico quando os meninos [colegas brancos] me chamavam "negrinho", "preto fodido". Eu tinha sido programado como sendo um deles. O fato de eu ser discriminado assim só me surpreendia, me humilhava. Se eu tivesse sido um menino de comunidade negra, eu teria reagido. Teria alguma coisa para afirmar. Mas eu tinha sido programado para ser como um deles. A timidez, fruto de minha criação, fez com que eu tomasse uma atitude de contemporizar, submissa. Eu não tinha orgulho nenhum. Fiquei à mercê daquilo tudo. Tentei minimizar as dores... Me tornei muito retraído, condescendente. Aquela docilidade de escravo! Engolia sapo... (Alberto)

Um exemplo final de punição superegoica: aqui o modelo branco está encarnado na figura do pai e é cumprido pelos irmãos da nossa entrevistada, Mara, a diferente.

A mãe de Mara é negra, mas, ao contrário desta, "está bem de cuca, financeiramente, em relação ao marido que escolheu...". Mara tem escolhido os parceiros segundo o modelo ideal, mas, diferentemente da mãe, tem fracassado na escolha. A depressão é o castigo.

Mara é uma moça de 24 anos, às vésperas de formar-se em letras. Filha de branco e negra, tem dois irmãos que ela define como sendo "branco e morena clara". Quanto a si mesma, diz: "Eu sou a mais escura... Me considero negra. Tenho mais parentes negros do que brancos. Sou uma mistura".

A entrevista que Mara nos concede é tão fechada quanto ela própria. "Não", "não sei", "não me lembro", "não entendo" são expressões que se repetem.

Moça de poucos amigos desde a infância, Mara teve dois namorados que terminaram a relação "por pressão de família — preconceito racial".

Namorou durante um ano com o segundo, mas "nunca saímos juntos". Solicitada por nós, Mara tenta encontrar uma explicação. Uma explicação que busca esconder o óbvio: "Acomodação a ficar em casa, vendo TV". A inconsistência de tal hipótese explicativa lhe conduz a uma perplexidade que a obriga a concluir, pateticamente: "Não entendo...".

Deprimida, Mara pune a si mesma, negando-se em sua beleza, inteligência e vivacidade. Diz não namorar ninguém há muito tempo. "Saio pouco, sou muito fechada. Com minha irmã, me sinto deslocada com os amigos dela... Não tenho assunto... Na faculdade, cada um tem sua vida."

Acusando-se, Mara torna seu o discurso ideológico da sociedade, introjetado e assimilado pelo superego: "O negro é marginal, o negro é tudo de ruim... Ser negro no Brasil é um problema — ele sofre muitas barreiras, mas ele se retrai um pouco em quebrar essas barreiras. Ele é passivo".

Mas existe uma segunda alternativa: lutar, lutar mais ainda por encontrar novos caminhos. Um deles passa pela busca do objeto amoroso. Um objeto que, por suas características, possa ser o substituto do ideal irrealizável. Um parceiro branco com quem o negro — através da intimidade da relação afetivo-sexual — possa se identificar e realizar o ideal do ego inatingível.

> Em muitas formas de escolha amorosa, é fato evidente que o objeto serve de sucedâneo para algum inatingido ideal do ego de nós mesmos. Nós o amamos por causa das perfeições que nos esforçamos por conseguir para o nosso próprio ego, e que agora gostaríamos de adquirir dessa maneira indireta como meio de satisfazer nosso narcisismo.[8]

É assim que se troca a impossibilidade de cumprir o ideal pela inviabilidade de experimentar o amor autêntico. Ama-se a brancura, como diz Fanon.[9] O parceiro branco é transformado em instrumento tático, numa luta cuja estratégia é cumprir os ditames superegoicos, calcados nos valores hegemônicos da ideologia dominante.

Essa é a saída pela porta dos fundos, caminho transverso, via indireta.

> Eu sinto o problema racial como uma ferida. É uma coisa que penso e sinto todo o tempo. É um negócio que não cicatriza nunca. (Sales)

O negro que elege o branco como ideal do ego engendra em si mesmo uma ferida narcísica, grave e dilacerante, que, como condição de cura, demanda ao negro a construção de um outro ideal do ego. Um novo ideal do ego que lhe configure um rosto próprio, que encarne seus valores e interesses, que tenha como referência e perspectiva a história. Um ideal construído através da militância política, lugar privilegiado de construção transformadora da história.

Independentemente dos modos de compreender o sentido da prática política, seu exercício é representado para o negro como o meio de recuperar a autoestima, de afirmar sua existência, de marcar o seu lugar.

> Substituí bem o C. pela militância política. Ele não quis se engajar e eu usei isto contra ele — quis mostrar que eu era superior a ele. Escolhi a linha política mais avançada. Foi aí que comecei a transar politicamente a questão racial. (Carmem)

> O negro tem que tomar posição [política]. A gente tem que buscar soluções. O negro é sempre negro [...] Só tem uma forma de pesar

na balança: é mostrar o peso econômico da massa negra organizada. O negro não pode se esconder, ele tem que ir à luta... Não tem que pedir licença, tem que ir à luta... O negro tem que fazer sua história. (Correia)

Comecei a prestar mais atenção em volta, a estabelecer uma relação mais atenta com a sociedade. Meu trabalho passou a ser mais vestido com as roupas da negritude. A meu modo... (Alberto)

4. A história de Luísa

Neta de empregadas domésticas e filha de pais de classe média baixa, Luísa é uma médica recém-formada, nascida no Rio há 23 anos.

Fui filha única até os quatro anos de idade. Meus pais eram filhos de empregada doméstica. A patroa assumiu meu pai como filho. Minha mãe acha que meu pai teria sido um dos filhos do patrão. Meu pai nega.

Minha avó fala que o marido dela era muito mau, batia nela. Ela teve muitos filhos, morreram todos, só sobrou meu pai e uma tia. Meu pai foi acolhido e minha tia não. Meu pai sempre teve mais chances. Fez até o segundo grau. É bancário. Hoje é subgerente. Tem 25 anos de banco.

A imagem física do meu pai: mulato, bonito, careca, quarenta e sete anos, gorduchinho. É uma pessoa muito bonita: nariz afilado, não tem beiço, pode passar por branco. Como é careca, não dá muito pra ver o cabelo ruim do crioulo.

Minha avó: negra muito bonita. A cor negra é roxa, bonita. Nariz fino, olhos puxados. Não se assume negra. Fisicamente, inclusive: estica o cabelo, tem até calvície. Morre de raiva porque eu não estico meu cabelo.

Minha mãe: filha de empregada. Teve uma vida mais fodida que meu pai. Teve que trabalhar cedo. Com dezoito anos conheceu meu pai, namorou, noivou durante oito anos e depois casou. Trabalhava num laboratório, parece que embalando remédios, não sei bem, depois fez um concurso pro Estado e foi trabalhar num hospital. Fazia de tudo: servente, atendente de enfermagem... Hoje já conseguiu um trabalho burocrático: funcionária pública, trabalha na seção de pessoal. Concluiu o ginásio há pouco tempo.

Meu pai ficava a jogar bola e via minha mãe passar para ir trabalhar. Ele ficava paquerando minha mãe. Namoraram, e quando minha mãe o levou pra minha avó conhecê-lo, minha avó disse que ele tinha que trabalhar se quisesse namorar a filha dela. Foi aí que ele disse que tomou consciência de que não era o filho da dona da casa e sim da empregada, e tinha que começar a trabalhar. Começou a trabalhar no banco, onde está até hoje.

Minha mãe é gorda, bem mãe, peitão, daqueles que ela se orgulha de que amamentou muito os filhos. Parece comigo, é mulata, tem o nariz mais grosso, mais amulatado. Não tem bundão de crioula, não. Ela ficou muito feia, barriguda. Barriga de estria de cinco filhos. O cabelo, ela passa Henê, enrola, não passa o ferro.

A imagem última que me ficou de minha avó era muito feia. Teve AVC. Era bem negra. Nariz grosso, beiços grossos, voz grossa. Era uma pessoa bem malandra. Andava com veados. Os veados gostavam dela. Ela passava por homem fácil. Era muito vivida, malandra. Teve uma filha — minha mãe —, se assumia como mãe solteira. Nunca inventou histórias sobre meu avô, como minha avó paterna. As amigas dela eram todas mães solteiras. Depois do nascimento da minha mãe, ela não teve mais outros relacionamentos. Essa é a imagem e a impressão que tenho. Não gostava de negro. Dizia que crioulo, sobretudo o negro, não prestava: "Se você vir confusão, saiba que é o negro que está fazendo; se você vir um negro correr, é ladrão. Tem que casar com um branco pra limpar o útero".

Ela foi minha mãe de criação: é a imagem da proteção. Eu dormia com ela. Eu tinha medo do escuro. Ela me cuidava: me levava pra escola, penteava o cabelo, lavava a roupa. A malandragem dela me marcou muito; eu via pelas fotos dela de Carnaval: era um jeito debochado de ser, parecia que sabia muita coisa do mundo, muito sacadora. Os amigos veados que ela tinha, ela tomava cerveja com eles, fumava cigarros, coisas que não eram bem.

O sentimento de proteção era misturado com raiva e vergonha. Por ser negra, por não estar com roupas bonitas, por não ser minha mãe mesmo, diferente das outras meninas que iam pra escola com pai e mãe.

Minha mãe conta que foi me ter numa casa de saúde caríssima, com medo de que eu morresse como meu irmão, que morreu três dias depois que nasceu, e minha mãe jura que foi barbeiragem do médico. Eu sempre fui cuidada, muito cercada com muita atenção, porque, além de ser a primeira filha, primeira neta, muito esperada, tinha o medo de perder outro filho. Minha mãe diz que tinha muito leite pra me dar.

Tinha o lance da minha solidão. Contam que eu falava muito sozinha, tinha amigos invisíveis, falava na frente do espelho. Era uma sensação de me reconhecer, de identidade minha, de me sentir; falava comigo mesma, me achava feia, me identificava como uma menina negra, diferente. Não tinha nenhuma menina como eu. Todas as meninas tinham o cabelo liso, nariz fino. Minha mãe mandava botar pregador de roupa no nariz pra ficar menos chato.

Depois eu deixei de falar no espelho, mas eu me lembro que era uma coisa de eu me sentir. Não consigo explicar isso. Talvez esses fossem momentos onde eu não estava dispersa. Momentos comigo mesma. Eu sempre fui muito dispersa.

Depois eu fui sentindo que aquilo [olhar no espelho] *era uma coisa ruim. Um dia eu me percebi com medo de mim no espelho, e um dia tive uma crise de pavor, e foi terrível. Fiquei um tempo grande assim: não podia me olhar no espelho, com medo de reviver aquela sensação.*

Pra mim, minha história mesmo começa quando minha irmã nasceu. Fiquei feliz quando meu pai disse que nasceu minha irmã. Mas aí comecei a ter, inconscientemente, mil reações: sonambulismo, ranger os dentes, sono agitado. De noite, eu ia, dormindo, na gaveta onde estavam as fraldas de minha irmã e jogava tudo no chão. Mas, conscientemente, eu estava feliz.

Ela era mais branca do que eu. Tinha os cabelos lisos. Os vizinhos diziam que ela parecia com meu pai. Aí, nessa fase, aconteceu uma coisa linda em minha vida: meus pais foram ao pediatra, e ele aconselhou que eles me dissessem: "Luísa, eu gosto muito de você". Eu dou mil beijos em meu pai hoje por causa disso.

Eu tive mais vantagens que minha irmã. Meu pai gostava mais de mim do que dela. Minha mãe não aparentava preferência. Eu tive, na minha adolescência, a impressão de que eu era o filho homem que ele estava esperando. Eu me lembro da decepção dele quando nasciam as mulheres.

O lance da religião é que é muito marcado. Eu achava, quando tinha seis, sete anos, que eu queria ser freira. Eu pensava assim: gente feia casa com gente feia. Eu sou feia, não quero casar com gente feia, vou ser freira. O mistério das freiras me fascinava muito. Eu queria estudar no colégio das freiras, além de ser o colégio das meninas ricas. Eu sonhava muito, e morria de medo de diabo, inferno...

Primeira aluna da classe. Adorava estudar. Gostava da escola. Tinha amigos. Morria de medo de solidão. Não gostava de ir pra casa: minhas irmãs eram muito mais novas do que eu.

Eu era muito invejosa; inveja do físico das pessoas. Achava que as pessoas eram muito mais bonitas que eu.

Na minha turma tinha negros. Eram negros rebeldes, geralmente da favela. Eu era negra-branca: eu era como aquelas pessoas, mas não queria ser igual a elas de jeito nenhum. Mas também, eu não era como os outros, os brancos: eles eram filhos de professores. Minha mãe não ia na reunião de pais e mestres — estava trabalhando. Minha afirmação sempre foi o estudo.

Eu desprezava, não transava os pretos. Os brancos eu admirava, eram meus amigos. Minhas duas amigas de infância eram judias — brancas mesmo.

Venderam o prédio que a gente morava, em Ipanema, e viemos morar no Jardim Botânico. Baixou o status... Estudar numa escola muito misturada... Tinha muita gente pobre. Eu tinha nove anos, já podia entrar no ginásio, e já estava meio claro pra mim que eu não gostava de pobre e de preto. Então, eu me sentia superior a todo mundo: intelectualmente e porque não era tão pobre. Conheci uma menina que era filha de brigadeiro, e éramos amigas... Era do meu nível.

Meu pai dizia que a gente era rico. Minha mãe dizia que a gente era pobre. Eu achava que ser rico era morar naqueles edifícios que tinham brinquedo. Mas também não era pobre, porque ser pobre era morar na favela. Aí eu não sabia meu lugar, mas sabia que negra eu não era. Negro era sujo, eu era limpa; negro era burro, eu era inteligente; era morar na favela, e eu não morava, e, sobretudo, negro tinha lábios e nariz grossos, e eu não tinha. Eu era mulata, ainda tinha esperança de me salvar. Em termos de classe, continuava a dúvida. Em termos de negritude, não.

Na prova de admissão, foi a primeira vez que senti aquela responsabilidade de ser inteligente e então ter que passar. Eu tinha que ser a melhor, eu me exigia muito. Mais até que meus irmãos, mas todos sentiam a pressão de fora. Passei em terceiro lugar. Minhas amigas não passaram, ou então tiraram nota mais baixa. Eu fiquei cheia de glória.

Meu pai fez um discurso, quando entrei pro ginásio, dizendo da importância e responsabilidade de entrar no ginásio — "não se misturar com as esquerdas".

Eu lia muito, e a maioria dos meus colegas não gostava de ler, e eu já me destacava por isso. Eu era boa aluna, extrovertida, mas bem-comportada. Com doze, treze anos fiquei mais bagunceira. Foi muito bom. Antes, eu era muito bem-comportada. Passei a ficar mais soltinha, mas era uma boa aluna. Achei um modo de controlar os professores: ser bagunceira, mas ser boa aluna. Ainda conservava alguma coisa da Luísa bem-comportada, por exemplo: pedia desculpas depois da bagunça feita, coisa que ninguém fazia. Assim, eu preservava alguma coisa da Luísa bem-comportada.

Com catorze anos, estava acabando o ginásio. Comecei a fazer teatro na escola. Resolvemos fazer uma peça escrita por nós mesmos, sobre os problemas que nos tocavam, interessavam. Um dos problemas era o racismo. Eu fui escolhida para o papel principal — eu era a única negra. Foi uma coisa legal. Não foi um momento de consciência profunda, não era tanta vergonha, era uma coisa menos ruim. Foi a primeira vez que discuti a questão do racismo — sem falar de mim, mas falando do assunto. Foi a primeira vez que usei cabelo afro, também era uma coisa legal.

Teve o festival de música — eu fui a melhor intérprete.

E, no final do ano, fui escolhida como a melhor aluna da turma, foi uma glória! Fiz o discurso do término do curso, passei a bandeira pra outra turma, uma glória!

A coisa da glória nos estudos era um papel que eu já tinha cumprido, era uma coisa necessária, que ia me acompanhar pro resto da vida. Agora, tinha o outro mundo da arte, que eu já tava entrando, e tinha me dado legal e era outra coisa. Eu tinha um pouco de medo — não era tão aceito socialmente, mas o sucesso nos estudos me dava força pra saber o que era aquilo. [...] Era uma coisa que eu não assumia plenamente como o pessoal que fazia teatro assumia: usar roupas diferentes, cabelo diferente, me amedrontava; mas era uma coisa que me puxava, e eu via que era possível viver, apesar das exigências das pessoas de que eu era uma pessoa inteligente... O seguro era ser estudiosa, inteligente. Aí eu sabia que a aceitação era certa, essas outras coisas, não. A exigência era principalmente de minha família, mas tinha os outros amigos, colegas que faziam música, teatro — eu sentia que tinha uma barreira a quebrar.

A igreja, que era uma igreja revolucionária e que eu estava muito ligada, versus o pessoal de teatro, que já na época usava tóxicos etc.... Pintou uma divisão em mim. Eu gostava das duas coisas: o pessoal da igreja e o pessoal de teatro, mas a igreja era uma coisa que me segurava, que eu sabia que não ia desbundar.

A questão racial pintou aí da seguinte forma: quando aparecia um rapaz negro no grupo, existia toda uma pressão, toda uma expectativa das pessoas para eu namorar com ele. E eu não queria. Imagine, eu já dava resposta de que por que eu tinha que namorar com ele? Só porque era negro? E tinha, às vezes, lances agressivos, das pessoas me acharem racista. Mas tinha também a coisa de eu não querer namorar com eles porque eram negros mesmo. Pra mim, um homem negro tinha que ser especial. Ser muito melhor que o branco, se destacar, ser como eu. Teria que ser lindo! Muito bonito, muito inteligente. Nunca me apareceu um homem assim...

Meu primeiro namorado foi o David. Eu tinha quinze anos. David era branco, filho de tcheco com alemã. Era louro de olhos azuis. Nunca me assumiu como namorada dele. Tudo era maravilhoso quando estávamos sozinhos ou com pessoas íntimas. Não saíamos à rua de mãos dadas, nunca me apresentou à família dele; até a irmã dele, que estudava na mesma escola, ele não aceitava que eu fizesse muito carinho nele [quando a irmã estava por perto]. Eu nunca achei que era nada racial. Achava que era porque eu era muito feia. Aceitei o jogo dele me minimizar. Namoramos assim dois anos e pouco. Nunca conversamos sobre a questão racial. Ele tinha muito problema de identificação — "espiga de milho" era o apelido que lhe davam. A maioria dos amigos dele eram negros. Ele me curtia como negra — a coisa da propaganda: a mulata, o escracho, a coisa de ser à vontade. Eu sofria porque ele não me assumia pra fora. Mas ficava contente porque, no fundo, ele me curtia. Nunca achei que devia discutir isso. Ele já era uma grande aquisição minha, porque era bonito, cobiçado, e estava comigo.

No segundo ano científico fui, com toda a turma, estudar num colégio liberal. A gente o chamava "Paraíso da Liberdade". Tinha muitos negros aí. Muitos não, mas assumidos. Apareciam mais. Principalmente as mulheres. Já falavam alguma coisa sobre a raça, sobre libertação. As meninas negras de minha turma eram três: bem assumidas, bagunceiras, rebeldes. Eu me identificava com elas, mas continuava sendo estudiosa, bem-comportada, apesar de fazer umas bagunchinhas, mas pedindo desculpas depois.

Me apaixonei pelo professor de física. Era um cara mais velho, casado. Resolvi fazer física. Era uma coisa difícil, mas eu sabia que me daria bem. Ia fazer física. Ele era bonito, uma porção de meninas se apaixonavam por ele. A forma de sedução minha foi ser boa aluna — uma forma de me negar como mulher —, seduzir pela cabeça, o que aliás sempre foi o meu esquema.

Depois resolvi fazer medicina — não sei direito por quê — mas deve ter sido o resultado de toda uma estruturação de minha vida.

Eu tinha que escolher a carreira mais nobre, o vestibular mais difícil, a carreira que eu teria contato com gente, fazer o bem. Pensei em ser assistente social — a coisa da religião —, mas não era tão nobre como medicina.

A minha primeira angústia grandezinha senti no ano do vestibular. Tinha sono agitado, acordava no meio da noite gritando palavrões, tinha medo de multidão, depois medo de estar sozinha na rua, falta de ar, ansiedade de esperar uma fila, por exemplo. Fui a um médico, que fez um eletroencefalograma, encontrou uma disritmia, e serviu de explicação pra tudo. Fiquei muito tranquilizada, porque antes a coisa era incompreensível. Tomei, durante todo o ano, Comital L e Tegretol — e vivia dormindo. Assim, não pude estudar direito, e perdi o vestibular — o que foi a primeira grande derrota de minha vida. Se, por um lado, tinha a justificativa: "Ah, coitada, ela saiu de uma crise", por outro, eu sentia que perdi o respaldo. Se eu era inteligente, tinha que passar no vestibular.

O ano seguinte foi o da descoberta do sexo. Ainda com David. Muito sarro, mas não acontecia nada.

Conheci o Mário. Ele era homossexual, eu percebi logo, e ele também me disse, mas ele tava a fim de deixar de ser homossexual, e me achava bonita, tesuda. Eu também achava ele bonito. Mas foi terrível, porque ficamos namorando dois anos, ele não conseguiu trepar comigo, e também não trepava com homem, porque estava comigo. Tinha toda uma situação de que a família dele gostava de mim, me aceitava. Primeira e única família de namorado que me aceitou. Me achavam ótima; não queriam que ele fosse homossexual, então, mesmo sendo negra, me aceitavam. Depois nós vimos que não tinha nada a ver essa coisa de ele não procurar outras pessoas. Aí abrimos a relação. Aí ele passou a transar com outros homens. Aí eu entrei numa competição: eu tirava um sarrinho, fazia jogo de sedução com *os homens que ele transava. Era um desafio essa coisa de seduzir um homossexual. Eu nunca senti o Mário me rejeitando como o David. Ele me curtia como mulher, como pessoa. Ele sofria muito por não conseguir trepar comigo. Ele dizia que estava cada vez mais perdendo o tesão. Quanto mais eu conhecia ele, mais ele dizia que se assustava. Eu não pensava na questão racial. Ele me curtia. Dizia: "Você é negra, você dança bem, você ê bonita" — mas de uma forma diferente do David. A partir do momento em que não havia uma rejeição clara, eu não pensava nisso...*

O Roberto foi a pessoa que durante todo esse tempo me dava toques sobre a questão racial: "Por que você usa seu cabelo assim?" [alisado]. *Ele conversava comigo, me mostrava o outro lado. Ele era branco. Era muito companheiro. Tinha muito carinho por mim. Um dia, estava muito triste, estávamos deitados juntos, e trepamos. Foi a pessoa com quem trepei pela primeira vez. Depois fiquei apaixonada, mas ele já estava começando o processo de um novo casamento, e sofri muito. Eu fiquei de terceira. Ela era branca, mais madura, já era uma mulher com filho, não aprendeu a ser mulher com o Roberto, como eu. Achava ela mais segura, mais forte... Fiquei achando que estava cumprindo o papel da mulher negra: a amante. Os homens ficavam com as mulheres brancas. Eu me achava mais mulher porque era negra: ser negra tinha pontos contra, mas tinha um veneno, uma coisa que segurava o homem. Eu me achava potencialmente mais mulher que ela. Porque era negra. Era uma coisa fantasiosa, me achava melhor trepando. Eu era negra, era diferente, era alguma coisa melhor. Acho que tinha uma propaganda subliminar. Os homens, o David, o Mário, o Roberto, cada um à sua maneira... Eu achava que, por trás dos elogios, tinha um elogio por eu ser negra.*

Me desencantei com o curso de medicina. Entrei na faculdade de ciências sociais. Aí, me apaixonei pelo Sílvio, o homem negro, presidente do diretório, paixão da maioria das mulheres, bonito, inteligente, líder, casado. Nos aproximamos timidamente. A mulher dele fazia jogo. Ela era branca e se sentia ameaçada. Ela podia aceitar que estava perdendo ele, o que era ruim, mas perder para uma mulher negra era insuportável. Sílvio, acho que o processo dele era muito igual ao meu: de não se assumir como negro, de não procurar mulheres negras, de ser rejeitado pelas mulheres brancas — e a Marina foi a primeira mulher branca que gostou e conquistou ele. E eu acho que fui a primeira mulher negra por quem ele conseguiu se interessar. Mas acho que não é só isso. Era também a curtição de eu ser negra. A curtição é como ser a mais tudo: a mais bonita, a mais inteligente, a mais sensual. A responsabilidade, a exigência... Ser negro é ter que ser o mais. Daí eu achar que as pessoas me curtem por ser negra, por ser a mais. Já que as pessoas vão me pedir, eu dou logo.

O Sabino foi o negro comum que sempre me curtiu, estava sempre por perto, gostava de mim. Mas eu só estava querendo saber do Sílvio. Até que um dia, num gesto de caridade [ela ri], caridade não, trepei com ele. No outro dia, foi terrível: acordei e foi uma sensação terrível; pavor de ver aquele corpo que era igual ao do meu pai, foi terrível. Saí e não quis saber mais dele. Ele continuou apaixonado, me procurando, mas eu não quis mais nada. Era delicada na rejeição, mas rejeitava. Nunca falamos sobre o que aconteceu. Ele foi a primeira pessoa que cobrou de mim uma participação política ligada à questão negra.

Queria ser comunista. Pensava assim: se essas pessoas foram torturadas, presas, exiladas, elas têm que estar com a verdade. Era também o lance de ficar do lado do poder. Não sei por que, nem que poder era esse. A minha relação com a igreja, o ter sido bandeirante, o fazer medicina, eram coisas de fazer bem aos outros. A esquerda era isso também: o bem coletivo. Mas com a igreja tinha uma coisa de eu ir buscar segurança. Com a esquerda, não. Entrei no movimento negro. Foi aí que conheci a Carmem, a primeira mulher negra que me deu uma culpa por eu ser negra e ter o que tinha. E eu pensava que tinha o que tinha porque tinha um marido branco.

[...] Na faculdade de medicina, o racismo era sutil. Mais rigor com o negro, maior exigência. O negro é mais chamado a atenção — temos alguma coisa diferente.

Tive várias transações, transitórias todas, com caras brancos, todos. Nunca se colocava a questão racial.

Jorge, meu marido, a família dele não me aceita. Ele assume tudo. Me impõe sem assumir uma briga, uma discussão. Respeita tudo o que faço. O movimento negro, por exemplo. Se é para o meu crescimento, então, tudo bem. Ele me falou que nunca tinha pensado, nunca passou pela cabeça dele casar, transar uma mulher negra, e que ele teve uma certa dificuldade, no começo, de me assumir. A gente quase não discute isso.

[...] E o Vitor: o mais bonito da turma, inteligente, difícil para as mulheres, o homem negro que eu queria para viver uma experiência afetivo-sexual. A transa com ele foi frustrante, no geral. Ele não era esse homem que eu esperava. Não era também o potente — fantasia da mulher branca e da mulher negra também, até minha também. Eu esperava um lance de dominação, mesmo. Esperava até aceitando, mesmo. E não pintou. Ele não conseguiu nem trepar comigo. Também teve uma coisa importante: ele me disse que a maioria das mulheres que ele tinha transado eram negras. Então, pensei, se é assim, aquele veneno que eu acho que tenho... Vai ser uma prova, vai ter que surgir uma coisa verdadeira — se eu sou esse veneno que eu queria ser, teria que ser porque eu sou Luísa, independente de ser negra.

— E a coisa do veneno por ser negra, como é que fica, Luísa?

— Não sei... Talvez o medo de transar com crioulo seja por medo de ver que essa coisa não existe.

Análise

A avó materna de Luísa é a figura que ocupa o lugar privilegiado na constituição de sua história. Mulher fálica, é esta avó quem exerce a função de pai enquanto representante e guardiã da Lei, e na medida em que se faz imagem da proteção... Proteção que não se restringe aos cuidados da maternagem, mas que se exerce, sobretudo, contra o incesto e suas consequências.[1]

Através da avó, Luísa se depara, face a face, com a interdição: não casar com preto/não casar com o pai. Aqui, a Lei retira sua legitimidade e justificativa dos pressupostos ideológicos aos quais serve: não casar com preto porque "preto não presta, é ladrão, é sujo".

Luísa faz da sua vida o discurso da avó. O interdito se atualiza na escolha do objeto amoroso, que se dá de acordo com os cânones da Lei que ameaça com a desgraça da castração (morte) aqueles que ousam transgredi-la. E Luísa cumpre a Lei. Ela não quer perder o falo, atributo conquistado por identificação com a avó. Todos os seus relacionamentos afetivo-sexuais são com homens brancos. Há duas exceções, no entanto. A primeira é Sabino, com o qual vivencia uma experiência inequívoca de incesto e o castigo imediato: "No outro dia, foi terrível: acordei e foi uma sensação terrível; pavor de ver aquele corpo que era igual ao do meu pai, foi terrível. Saí e não quis saber mais dele". Luísa vive o nojo/luto pelo objeto amado ambivalente que, em não podendo mais ser investido, se deteriora, se perde.

Vitor é o parceiro-cúmplice da segunda transgressão, que não se realiza. Aqui, antes que seja castrada, Luísa castra o parceiro. Tomando o papel ativo de castrar, ela exorciza o perigo de ser castrada. E tudo não passa de um ensaio — "ele era o homem negro que eu queria para viver uma *experiência* afetivo-sexual" —, um jogo, uma peça de teatro invisível — não para o elenco do inconsciente, mas para os atores que fazem do campo da consciência seu palco.

Identificada com o falo da avó, Luísa segue na sua busca de objeto de amor. E, assim, desafia a si mesma na conquista de um parceiro homossexual, passando, inclusive, a competir com ele na conquista de outros homossexuais: "Ele passou a transar com outros homens. Aí eu entrei numa competição: eu tirava um sarrinho, fazia jogo de sedução com os homens que ele transava. Era um desafio essa coisa de seduzir um homossexual".

A identidade com a avó é a condição de possibilidade que estrutura em Luísa uma base de sustentação na qual assentar-se-ão os paradigmas e estereótipos fundamentais da ideologia hegemônica que estabelece a maneira de sentir, agir, e o jeito de ver a vida no âmbito das relações interraciais. "Escracho" é o substantivo usado por Luísa para se definir como mulata, e é também a inscrição que identificava aquela mulher "muito vivida, malandra, muito sacadora", que "andava com veados", e cujas fotos escancaravam seu "jeito debochado" de ser. Mulher que fumava, bebia, se assumia como mãe solteira, que fazia "coisas que não eram bem".

O escracho, o deboche, o estar à vontade são comportamentos que se propagandeiam, exigem e esperam da mulher negra. E, enquanto mulher subsumida a essas expectativas, Luísa reproduz a imagem que tem da avó ao mesmo tempo que cumpre os ditames sociais que normalizam seu comportamento e circunscrevem "seu lugar" — lugar de mulata, de mulher negra. Ser mulata é ser a mulher veneno, a melhor de cama, a mais sensual. Luísa acredita no que diz esse mito, e a ele se submete: "Já que as pessoas vão me pedir, eu dou logo".

Fixada numa imagem que a aliena, Luísa se debate num circuito de desvalorização e pseudovalorização: "ser negra tinha pontos contra, mas tinha um veneno, uma coisa que segurava o homem. [...] A curtição [de ser negra] é como ser a mais tudo: a mais bonita, a mais inteligente, a mais sensual".

O primeiro objeto amoroso de Luísa é o signo dessa ambiguidade constituída pelo par valor (pseudovalor) versus desvalor. Ambiguidade que é vivida em relação à representação de si e do objeto.

David era o homem com quem vivia "maravilhosamente" na clandestinidade, às escondidas. A sós ou com íntimos, era "curtida" como mulher negra propaganda. Caso contrário, nenhum gesto deveria denunciar qualquer intimidade. E Luísa fala da vivência emocional dessa contradição: "Eu sofria porque ele não me assumia pra fora. Mas ficava contente porque, no fundo, ele me curtia". Aceitando o jogo de desqualificação, Luísa compartilha da imagem amesquinhada que o parceiro tem de si. Por outro lado, esse homem branco, de olhos azuis, bonito e cobiçado — a "grande aquisição" — é visto por Luísa como uma pessoa estigmatizada e que se autodesvaloriza: "Ele tinha muito problema de identificação — 'espiga de milho' era o apelido que lhe davam. A maioria dos amigos dele eram negros". Aqui, o objeto amoroso é introduzido no mesmo circuito que aprisiona Luísa. Ambos compartilham de uma representação distorcida e minimizada que cada um elabora a respeito do outro.

A representação pseudovalorizada encontra em Luísa um nível de recusa que se expressa na negação radical de seu estatuto de mulher. Então, se há que seduzir o homem, que isto se faça "pela cabeça": "Me apaixonei pelo professor de física. [...] A forma de sedução minha foi ser boa aluna — uma forma de me negar como mulher —, seduzir pela cabeça, o que aliás sempre foi o meu esquema".

Na identificação com a avó, surge em Luísa um núcleo de desvalorização contundente: acredita que, enquanto mulher negra, lhe cabe o lugar de terceira — o terceiro termo a ser excluído. Considera que, como sua avó, a mulher negra é mulher sem companheiro: "Fiquei achando que estava cumprindo o papel da mulher negra: a amante. Os homens ficavam com as mulheres brancas".

O ideal do ego de Luísa caracteriza-se por uma identidade com o difícil, o nobre, o melhor, o branco.

Criança ainda, aprendeu a depreciar, rejeitar e deformar o próprio corpo para configurá-lo à imagem e semelhança do branco. Este, sim, era o belo, invejável, digno de consideração e apreço:

> Contam que eu falava muito sozinha, tinha amigos invisíveis, falava na frente do espelho. Era uma sensação de me reconhecer, de identidade minha, de me sentir; [...] me achava feia, me identificava como uma menina negra, diferente. [...] Todas as meninas tinham o cabelo liso, nariz fino. Minha mãe mandava botar pregador de roupa no nariz pra ficar menos chato. [...] Eu era muito invejosa; inveja do físico das pessoas. Achava que as pessoas eram muito mais bonitas que eu. [...] Eu desprezava, não transava os pretos. Os brancos, eu admirava, eram meus amigos. Minhas duas amigas de infância eram judias — brancas mesmo.

Luísa busca atingir seu ideal do ego. E torna-se aquilo que denomina "negra-branca": uma negra diferente, com valores nitidamente atribuídos ao branco numa intensidade maximizada. Ser inteligente, mostrar brilhantismo intelectual, "a coisa da glória nos estudos", é a exigência que Luísa há de cumprir "pro resto da vida", o aval mais seguro para sua inserção no mundo branco. Seu percurso pelo ginásio nos mostra isso de modo exaustivo.

Demarcada pela diferença que a separa dos negros comuns, Luísa acredita que poderia ser aceita por si mesma e pelos outros, poderia "se salvar":

> [Eu era a] primeira aluna da classe. [...] Na minha turma tinha negros. Eram negros rebeldes, geralmente da favela. Eu era negra-branca: eu era como aquelas pessoas, mas não queria ser igual a elas de jeito nenhum. Mas também, eu não era como os outros, os brancos [...]. Minha afirmação sempre foi o estudo. [...] Eu tinha nove anos [...] e já estava meio claro pra mim que eu não gostava de pobre e de preto. Então, eu me sentia superior a todo mundo: intelectualmente e porque não era tão pobre.

E o negro com quem poderia vir a dignar-se a viver um relacionamento afetivo-sexual teria que ser como ela: "Pra mim, um homem negro tinha que ser especial. Ser muito melhor que o branco, se destacar, ser como eu. Teria que ser lindo! Muito bonito, muito inteligente". Não sendo assim, Luísa lhe concede apenas favores, por piedade, "por caridade": "O Sabino foi o negro comum que sempre me curtiu, estava sempre por perto, gostava de mim. [...] Até que um dia, num gesto de caridade [*ela ri*], caridade não, trepei com ele".

A escolha da profissão é outro lugar que está marcado pelas diretrizes que orientam Luísa na consecução do ideal do ego. "Resolvi fazer medicina [...]. Eu tinha que escolher a carreira mais nobre, o vestibular mais difícil, a carreira que eu teria contato com gente, fazer o bem. Pensei em ser assistente social — a coisa da religião —, mas não era tão nobre como medicina."

Luísa nos fala de suas paixões. O fascínio amoroso que Sílvio lhe desperta nos demonstra os valores essenciais, que constituem seu ideal do ego. Sílvio é o "negro-branco" que ela procura em si e no outro: "Me apaixonei pelo Sílvio, o homem negro, presidente do diretório, paixão da maioria das mulheres, bonito, inteligente, líder, casado". Este último qualificativo, uma constante das suas paixões, indica a reprodução do triângulo edípico na escolha do objeto amoroso.

Luísa casa-se com Jorge. É branco. Jorge representa a posse do bem que, na fantasia de Luísa, é absolutizado e mitificado como elemento propiciador de todos os outros bens: "Conheci a Carmem, a primeira mulher negra que me deu uma culpa por eu ser negra e ter o que tinha. E eu pensava que tinha o que tinha porque tinha um marido branco". Sendo branco, Jorge está de acordo com o veredito da avó. E não se discute isso. "Ele me falou que nunca tinha pensado, nunca passou pela cabeça dele casar, transar uma mulher negra, e que ele teve uma certa dificuldade, no começo, de me assumir. A gente quase não discute isso."

Luísa logra conquistar uma identidade de mulher negra. Sua identidade, constituída de mitos e imagos, estrutura-se como sintoma: é um sistema opaco de desconhecimento e reconhecimento, marcado por todas as ambiguidades provenientes de sua origem imaginária.[2] Identidade feita de contradições, submetida às formações ideológicas dominantes, e sobredeterminada pela história individual e pela história da formação social em que a primeira se inscreve. É com essa identidade que Luísa toma consciência de suas contradições e tenta participar da luta política que busca transformar a história e sua história. E começa, iconoclasta, a demolir os mitos. Sua conclusão acerca do relacionamento com Vitor testemunha essa nova consciência:

> A transa com ele [...] teve uma coisa importante: ele me disse que a maioria das mulheres que ele tinha transado eram negras. Então, pensei, se é assim, aquele veneno que eu acho que tenho... Vai ser uma prova, vai ter que surgir uma coisa verdadeira — se eu sou esse veneno que eu queria ser, teria que ser porque eu sou Luísa, independente de ser negra [...]. Talvez o medo de transar com crioulo seja por medo de ver que essa coisa não existe.

5. Temas privilegiados

AO COLHER AS HISTÓRIAS DE VIDA, escutei meus entrevistados falarem de si. Num contato direto, vi e ouvi pessoas entristecerem-se, baixarem e levantarem a voz, calarem-se de repente, afogadas de emoção. Vi sorrisos que, inequivocamente, ocupavam o lugar do choro. Vi raiva, dor, perplexidade e, vez por outra, esperança.

Alguns temas ocuparam um lugar privilegiado no discurso dos entrevistados e na minha escuta. Eles falam da representação que o negro tem de si, das estratégias e do preço da ascensão social.

Esse tripé constitui a temática que irá homogeneizar — a despeito da heterogeneidade — as histórias de vida dos entrevistados, caracterizando-as como histórias de negros brasileiros em ascensão social.

Aqui, de viva voz, eles se autodefinem, falam de suas fantasias sexuais e do significado da condição de mulato(a), contam o que é preciso fazer para "chegar lá" e para manter as posições conquistadas.

Os depoimentos que são objeto deste capítulo sofrem aqui os limites da transmissão escrita, que transforma em letra morta a experiência pessoal, direta, libidinalmente viva.

Ainda assim, é legítimo escutá-los. Que eles falem, então!

Temas privilegiados

Representação de si

1. Definições

- "Ser negro é ter que ser o mais." (Luísa)
- "O negro é sempre negro. Ele terá sempre o processo de discriminação." (Correia)
- "[O negro] é mais primitivo [...]. Primitivo no sentido de primário, primeiro: a emoção é primária à razão. Talvez o discurso racista tenha razão quando diz que o negro é mais emocional." (Carmem)
- "Uma amiga minha, judia, me dizia que nós tínhamos os mesmos problemas [preconceito e discriminação]. Eu dizia que era muito diferente: o judeu, só se sabe se ele mostrar a estrela de davi. E o negro, não. Está na cara!" (Eunice)
- "[Minha avó] dizia que crioulo, sobretudo o negro, não prestava: 'Se você vir confusão, saiba que é o negro que está fazendo; se você vir um negro correr, é ladrão. Tem que casar com um branco pra limpar o útero'." (Luísa)
- "A cor mais visada como suspeito é a cor negra. Há uma tese na polícia de que a maioria dos negros são assaltantes. Meus colegas, na maior parte das vezes, só identificavam negro." (Natanael)
- "Entrei na faculdade de comunicação cheia de expectativas de transar a vida cultural, agitar a faculdade. Agitei, logo de saída, uma peça de teatro com debates. Entrei em contato com muita gente, trabalhei pra caralho. Depois eu soube que o pessoal achava que eu era polícia." (Carmem)
- "O negro é símbolo da miséria, de fome. [...] A cor [preta] lembra miséria. [...] Acho que o que me faz sempre fugir do

lance negro é o lance da pobreza — pobreza em todos os sentidos: financeira e intelectual." (Carmem)
- "Ser negro é ter que mostrar algo — é ter uma série de espaços vedados e mostrar que pode atingir um nível mais alto, uma cultura diferente." (Sales)
- "Eu fui barrado na porta do Conservatório Nacional de Teatro, e depois soube que o porteiro (que era negro) teve vergonha de eu ser negro e fazer sujeira por lá." (Correia)
- "Na Bahia, fiz uma peça onde eu tinha uma fala assim: 'Eu sou o presidente do sindicato'. A reação do público foi me chamar de macaco, veado, jogar casca de laranja... O negro não tem direito ao poder, nem mesmo num palco, representando um papel [...]." (Correia)

2. *Fantasias e estereótipos sexuais*

- "Eu tinha uma coisa (fantasia) de que todo negro queria me comer. Todo negro ia se aproximar de mim e ia ficar chato... O que é que as pessoas iam pensar... Quando eu via um negro, eu queria afastá-lo de minha frente — é claro, iria me perturbar [...]." (Carmem)
- "Ser negra [...] tinha um veneno, uma coisa que segurava o homem. Eu me achava potencialmente mais mulher que ela. Porque era negra. Era uma coisa fantasiosa, me achava melhor trepando. Eu era negra, era diferente, era alguma coisa melhor." (Luísa)
- "O homem negro é mais potente. As mulheres brancas acham isso — acho que elas têm razão." (Natanael)

Temas privilegiados

- "Meu pai era muito namorador — isso é coisa de crioulo... Eu poderia me prostituir como homem. Seria fácil viver na Zona Sul como objeto sexual das mulheres brancas." (Correia)
- "Nunca dormi com uma mulher branca. Nunca tentei e até recusei, porque uma mulher branca queria dormir comigo e eu não quis. Tem até o estereótipo de que o negro é mais macho, é o melhor. Eu não tenho nada disso." (Sales)
- "Ele [um parceiro negro] não era esse homem que eu esperava. Não era também o potente — fantasia da mulher branca e da mulher negra também [...]." (Luísa)
- "Por muito tempo eu fiz o gênero 'crioula gostosa'. Transava o lance folclórico do negro como o exótico." (Carmem)

3. Representação do corpo

- "Eu tinha vergonha do meu corpo. Eu queria transar no escuro [...]. Eu não gostava do meu corpo, dentro de uma coisa de ser negra. Corpo de negra, corpo de mulher tipo operário. Isso sempre me grilou pra burro..." (Carmem)
- "Fiquei insegura quanto à minha aparência física. Acho que as pessoas não vão gostar de minha aparência. Sou grande, mais gorda que as pessoas de minha idade. E também o lance da cor." (Eunice)
- "Apesar de toda a minha consciência racial, não consigo ter tesão por crioulo. Tem que ser muito especial. Não transo com qualquer um. Transei com dois negros africanos. Senti dificuldade de transar o corpo — com a luz apagada foi menos ruim... M. foi o único negro que me falou o que real-

mente ele sentia — e que era o mesmo que eu sentia. Ele me diz que uma mulher negra de minissaia, uma perna, uma boceta preta não dava tesão nenhum..." (Carmem)
- "Me achava feia, me identificava como uma menina negra, diferente [...]. Todas as meninas tinham o cabelo liso, nariz fino. Minha mãe mandava botar pregador de roupa no nariz pra ficar menos chato. [...] Eu era muito invejosa [...] do físico das pessoas. Achava que as pessoas eram muito mais bonitas que eu." (Luísa)

4. *O mulato: ser e não ser negro*

- "No prédio, o cara que eu paquerava tinha o apelido de 'Carvãozinho'. Era bem moreno, mas não era negro. Era lindo, cabelos compridos, feições finas... Devia ter aí um lance de identificação: ele era negro mas não era negro..." (Carmem)
- "Não tomo a negritude como uma causa, como uma bandeira política, mesmo porque não sou negro de todo: sou mulato, nato, no sentido lato, democrático, sou brasileiro." (Alberto)
- "Meu pai dizia que a gente era rico. Minha mãe dizia que a gente era pobre. Eu achava que ser rico era morar naqueles edifícios que tinham brinquedo. Mas também não era pobre, porque ser pobre era morar na favela. Aí eu não sabia meu lugar, mas sabia que negra eu não era. Negro era sujo, eu era limpa; negro era burro, eu era inteligente; era morar na favela, e eu não morava, e, sobretudo, negro tinha lábios [...] grossos, e eu não tinha. Eu era mulata, ainda tinha esperança de me salvar." (Luísa)

- "Uma forma de fugir dessa coisa de não achar o peru do homem negro bonito — e não é só o peru: é a bunda, é o corpo todo — é sentir tesão por mulato... Isto é uma forma de escamotear o problema. Mas tem o outro lado: é uma forma de eu me sentir negra, mas não tanto... Não é tão identificado... O mulato, optei por ele como uma saída. Tem dois tipos: o que quer ser branco e o que quer assumir a condição de ser negro, mas negro diferente — aí se encaixa bem com a gente, que somos negros diferentes." (Carmem)

Das estratégias de ascensão

1. Ser o melhor

- "Fomos morar em Copacabana, num edifício onde éramos os únicos negros. Tudo de ruim caía em cima de nós. Minha mãe ficava revoltada quando vinha uma queixa — a gente tinha que ser perfeito. A gente dizia: 'Ah! mãe, todo mundo faz...'. Ela, então, dizia: 'Mas vocês são pretos...'. Em Cascadura, era uma vida mais solta, de rua, de moleque. Na Zona Sul, os limites: como se comportar, como deixar de se comportar. Ter que se comportar melhor que os outros..." (Carmem)
- "Consegui entrar no Conservatório Nacional de Teatro. No primeiro dia de aula, cochichos e piadinhas contra os negros. Tomei a decisão de ser o melhor. E fui o melhor. Tive convites para lugares de ainda mais destaque e prestígio que o Conservatório..." (Correia)

- "Eu tinha que ser a melhor, eu me exigia muito. [...] Sempre fui a primeira aluna, no primário e no ginásio. Estava acabando o ginásio. [...] Teve o festival de música — eu fui a melhor intérprete. E, no final do ano, fui escolhida como a melhor aluna da turma. [...] Depois resolvi fazer medicina [...]. Eu tinha que escolher a carreira mais nobre, o vestibular mais difícil [...]." (Luísa)
- "Meu pai achava que a gente tinha que ser as melhores porque éramos pretas. Uma coisa que sempre me chateou foi que meu pai sempre trazia presentes educativos. Todo mundo lá em casa tinha que ser o melhor aluno." (Eunice)

2. *Aceitar a mistificação*

A. Perder a cor
- "Eu estava crescendo como artista, e então ia sendo aceito. Aí eu já não era negro. Perdi a cor. Todo esse jogo era vivido por mim de modo contemporizador. Eu não tinha como me confrontar. Não discutia muito a questão. Ia vivendo. O racismo continuava. Eu era aceito sem cor, mas eu ia vivendo. Esse jogo era o meu jogo também." (Alberto)

B. Negar as tradições negras
- "Meu pai foi o único dos filhos que ascendeu... Fez licenciatura em ciências e dava aula de biologia no Santo Inácio. Ele sempre transou a religião negra — é babalorixá de candomblé, com todo o intelectualismo dele. Ele me diz: 'Você, crioula, fazendo psicanálise! Psicanalista de crioulo é pai de santo'. É o único da família a assumir esse lance. Não é uma

questão folclórica. Ele acredita mesmo. E esse é o grande câncer de minha avó: o filho dela, professor, é o macumbeiro. Ela faz de conta que não existe a situação." (Carmem)

C. Não falar no assunto
- "O David [...] era louro de olhos azuis. Nunca me assumiu como namorada dele. Tudo era maravilhoso quando estávamos sozinhos ou com pessoas muito íntimas. [...] Eu nunca achei que era nada racial [...]. Nunca achei que devia discutir isso. Ele já era uma grande aquisição minha, porque era bonito, cobiçado, e estava comigo." (Luísa)
- "Jorge, meu marido, a família dele não me aceita. Ele assume tudo. Me impõe [...]. A gente quase não discute isso." (Luísa)
- "É uma dificuldade discutir, nesse meio [pequena burguesia branca, intelectual], a questão racial. Há o pacto de que 'quase somos iguais', e assim é inoportuno, inadequado, perigoso, discutir a questão. E há dois tipos de resposta desse meio à questão racial: uma paternalista-mistificadora: 'Ah, vamos discutir sim. Meu bisavô era negro, eu até me sinto negro...'. E outra de negação: 'Não. Não vamos discutir isto'." (Carmem)

Do preço da ascensão: a contínua prova

- "O sentimento de rejeição existe. A nível da existência, no dia a dia. Depois que eu adquiri consciência, eu tentei me impor — pelo lado intelectual, que é um modo de competição. A gente tem duas opções pra não se sentir tão isolada:

a gente se integra à comunidade negra — e eu já estou fora dela há muito tempo — ou se integra ao meio de dominância branca, que não satisfaz. É um lugar onde tudo é uma prova, onde estão sempre te testando. Justamente por ser negro tem sempre a ideia de um merecimento por você estar ali. A gente sempre tem que ter uma justificativa pra dar por estar nesse meio. E tem o teste pra ver se a gente continua merecendo. A exigência de ser o melhor é pra todo mundo, pra toda a sociedade, mas os negros são aqueles que têm que assimilar isso melhor." (Carmem)

6. Metodologia

O UNIVERSO DA PESQUISA LIMITA-SE ao estado do Rio de Janeiro. O eixo Rio-São Paulo representou e representa o polo mais avançado do capitalismo industrial no Brasil. Foi aí que o negro, ex-escravo, teimando em permanecer na cidade, resistindo heroicamente a ser banido para o campo, ingressou no processo de urbanização e industrialização, vivendo suas injunções e consequências.[1]

Através das ideologias de mobilidade social ascendente e democracia racial, a vida da metrópole, regida pelo sistema competitivo que começa a se organizar, cria um conjunto de necessidades, aspirações e insatisfações que incentivam o negro a lutar, junto com outros setores da sociedade, pela conquista da ascensão social.[2]

Eminentemente urbana a questão da ascensão social, optamos pelo Rio de Janeiro como unidade significativa para este estudo. A outra razão pela qual esta escolha se fez em relação ao Rio é de ordem pragmática: minha vida se desenvolve, no momento, no Rio de Janeiro e sofre injunções que me impossibilitam, material e concretamente, o deslocamento sistemático para outras metrópoles onde poderia encontrar nuances diversas do mesmo problema investigado.

A ascensão social do negro brasileiro, no que tange aos conflitos emocionais daí decorrentes, foi analisada aqui utilizando-se o método do estudo de caso e a técnica de história de vida.

O estudo de caso é um método qualitativo de análise em que qualquer unidade social é tomada como representativa da totalidade. "É um meio de organizar os dados sociais preservando o caráter unitário do objeto social estudado."³

Neste trabalho, a unidade está representada por dez histórias de vida de negros que compartilham o fato de estarem vivendo um processo de ascensão social numa sociedade multirracial, racista e de hegemonia branca que, paradoxalmente, veicula a ideologia de democracia racial, em contradição com a existência de práticas discricionárias racistas.

O critério de escolha dos entrevistados deu-se com base nestas características: serem negros, viverem no Brasil e estarem em ascensão social — e na disponibilidade para me contarem suas vidas. Quanto à ascensão, não importava o nível atingido nem a origem de classe dessas pessoas. O que se levava em conta era a existência da mobilidade social ascendente.

O estudo de caso coloca o problema da representatividade do todo a ser cumprido pela unidade. Tal questão se resolve ao se apreender o sentido de totalidade. "A totalidade de qualquer objeto — quer físico, biológico ou social — é uma construção intelectual. Concretamente não existem limites que definem qualquer processo ou objeto."⁴ Assim posto, evidencia-se a impossibilidade de traçar limites de qualquer objeto social ou de se afirmar em que ponto concluir a coleta de dados sobre o objeto delimitado. Na prática, esse limite é dado pela compreensão do pesquisador face ao objeto de sua pesquisa.

Desse modo, poderíamos ter estudado uma só ou *n* histórias de vida. Estudamos dez. Dez não é um número cabalístico — aqui, pelo menos. Ele indica que, ao fim da construção e análise de dez histórias, atingi o nível desejado de compreensão do meu objeto de pesquisa. Nível de compreensão este que, obviamente, não me permite conclusões a serem generalizadas, mas me possibilita a elaboração de hipóteses que poderão vir a ser testadas por outros pesquisadores ou por mim mesma, num outro momento.

A história de vida é aqui utilizada como técnica de organização do material. Esta técnica tem uma tradição nas ciências sociais, particularmente na antropologia. Mais recentemente, a psiquiatria e a psicanálise têm-se utilizado das autobiografias para o estudo aprofundado do seu objeto. Para citar apenas um exemplo, investido da maior relevância e significação, lembramos que Freud elaborou a teoria da paranoia com base no relato autobiográfico do dr. Daniel Paul Schreber — o famoso caso Schreber.[5]

As histórias de vida foram colhidas em sucessivas entrevistas, cujo número variava de um a cinco para cada entrevistado. Essa variação corria por conta das necessidades da pesquisa e das características individuais das pessoas que se dispuseram a me contar suas vidas.

Algumas pessoas, num período de mais ou menos uma hora, já se sentiam fatigadas, dando mostras do esforço empreendido nesse trabalho tão mobilizador de afetos que é o de se abrir a um outro naquilo que diz respeito à sua intimidade, conflitos, emoções, vida. Outras, no afã de "lembrar tudo", ofereciam-se numa profusão de detalhes e circunstâncias que nos levava a realizar sucessivos encontros, na tentativa de cobrir o percurso de suas vidas até o momento atual. O ritmo básico de cada um foi respeitado.

Na quase totalidade das vezes, entrei em contato com as pessoas por telefone. Elas me eram indicadas por amigos e colegas em comum que sabiam da existência da pesquisa.

A partir do contato por telefone criou-se, em quase todos os entrevistados, uma expectativa: a de que eu fosse branca. Alguns disseram-me isso com palavras. Outros, com atitudes. A ideia que perpassava e fundava tal expectativa era a de que "negro que sobe não fala de negro", ou, em outras palavras: faz parte das estratégias de ascensão aceitar a mistificação constitutiva da ideologia da democracia racial: somos uma democracia racial, não existe problema negro, não há por que falar nisso.

Em geral, depois de um telefonema no qual me apresentava, falava em linhas gerais sobre o trabalho e convidava o futuro entrevistado a me dar uma entrevista, esta se realizava. Houve, entretanto, um caso que, por sua singularidade, merece ser contado.

Através de um amigo em comum, fiz contato com uma pessoa — na verdade uma personalidade, por ser um dos raros negros em sua profissão.

Para conseguir o encontro, que não passou de um, precisei dar nada menos do que quinze telefonemas, a maioria deles atendidos por sua secretária.

À entrevista, tão gentil quanto desconfiado, colocou-se como colaborador que deveria ir se abrindo à medida que eu me fosse provando digna de sua confiança.

Confessou-me — esta foi a expressão usada — que não esperava que eu fosse negra e que, quando me viu entrar, pensou com seus botões: "Essa moça deve ter alguma coisa na cabeça".

Falou-me uma ou outra coisa de sua vida, dentro dos poucos minutos do seu preciosíssimo tempo. Vez por outra falava do amigo em comum, pessoa da mais alta estima e consideração, responsável em última instância por aquele encontro, absolutamente único.

Ao final da entrevista, pediu-me para ligar, a fim de combinarmos novo horário. Deixaria a hora com sua secretária. Assim o fiz e, depois de três ou quatro telefonemas, infrutíferos, consegui marcar novo encontro. Encontro frustro. Em lá chegando, nosso nobre entrevistado tinha outro compromisso. Que eu ligasse outro dia para combinarmos de novo — este era o recado deixado (?) com a secretária... Não era preciso. Nada mais eloquente que essas falhas, equívocos, esquecimentos. O inconsciente fala assim. "Para bom entendedor, meia palavra basta." "Escreva quem quiser, leia quem souber."

Estando em contato direto com as pessoas, eu falava da pesquisa. Dizia que estava estudando a vida emocional do negro que ascendia no Brasil e, assim, gostaria que elas me contassem suas vidas. O anonimato era garantido. Isso era tudo.

As pessoas eram deixadas livres para contarem sobre suas vidas, do modo que quisessem. A minha interferência fazia-se no momento e no sentido de esclarecer uma ou outra coisa que, num primeiro instante, escapava ao meu entendimento.

As histórias de vida foram analisadas com o aparato conceitual fornecido pela psicanálise e pela teoria das ideologias, da qual falaremos logo mais. Elas também serviram como material ilustrativo que falava, com a linguagem do entrevistado, aquilo que a teoria vinha elaborar.

Uma das histórias de vida, entretanto, foi tomada separadamente, analisada em detalhes e constitui um dos capítulos deste livro. Tal fato se deve à riqueza ilustrativa da história de Luísa, que traz em si o essencial de todas as outras e que conta, ainda, com um refinado nível de elaboração da entrevistada.

O eixo central da análise organizou-se em torno do complexo de Édipo, entendido e assinalado em sua função universal de instância interditória. "O complexo de Édipo não é redutível a uma situação real, à influência efetivamente exercida sobre a criança pelo casal parental. Ele retira sua eficácia do fato de fazer intervir uma instância interditória (proibição do incesto) que barra o acesso à satisfação naturalmente procurada, e que liga inseparavelmente o desejo à lei."[6] Aqui, o complexo de Édipo é visto em suas relações com o processo de produção ideológica, no que toca a seu agenciamento psíquico — condição de possibilidade e eficácia da ideologia no nível dos sujeitos.

Partimos de uma hipótese: a de que o negro tem dificuldade de conquistar uma identidade egossintônica que o integre ao seu grupo de origem e que o instrumentalize para a conquista da ascensão social. Numa sociedade de classes em que os lugares de poder e tomada de decisão são ocupados por brancos, o negro que pretende ascender lança mão de uma identidade calcada em emblemas brancos, na tentativa de ultrapassar os obstáculos advindos do fato de ter nascido negro. Essa identidade é contraditória; ao mesmo tempo que serve de aval para o ingresso nos lugares de prestígio e poder, o coloca em conflito com sua historicidade, dado que se vê obrigado a negar o passado e o presente: o passado no que concerne à tradição e cultura negras e o presente no que tange à experiência da discriminação racial.

Com essa hipótese, encaminhamo-nos para a elaboração de um aparato teórico-conceitual específico, viabilizado pela articulação da teoria das ideologias com a psicanálise.

A teoria das ideologias, teoria regional do materialismo histórico, tem como objeto "dar conta do processo que, a partir da estrutura social global, por meio dos aparatos ideológicos do Estado, e a partir das práticas concretas em que o indivíduo se inscreve no processo de produção, determina um universo de significações que impactam sua estrutura psíquica, resultando em uma ideologia internalizada".[7]

A ideologia aqui é entendida como um sistema de representações, fortemente carregadas de afetos, que se manifestam na subjetividade consciente como vivências, ideias ou imagens e, no comportamento objetivo, como atitudes, condutas e discursos. A ideologia é um dispositivo social que serve aos fins de organizar um saber acerca dos mais diversos aspectos da vida humana, caracterizando-se por ser compartilhada pela comunidade como um todo, ou por um setor significativo dela, oferecendo coerência a seus integrantes em torno de crenças, fins, meios, valores etc. A ideologia tem geralmente características muito abrangentes (cosmovisão, por exemplo), forte conteúdo emocional (função de ilusão, realização de desejos conscientes e inconscientes) e recursos de convicção, como a apelação à realidade dada pelos sentidos e compartilhada por todos (consensualidade) ou ao seu caráter eterno e invariável (conaturalidade).[8]

A ideologia se viabiliza através do sujeito. "Só existe ideologia através do sujeito e para sujeitos".[9] Sobredeterminado pelas outras estruturas do modo de produção e pela estrutura edípica, o sujeito é o suporte dos efeitos ideológicos agenciados por leis inconscientes que organizam o terreno subjetivo da instância ideológica. É aqui, no âmbito ideológico, que a psicanálise, ciência do inconsciente, encontra seu lugar de articulação com o materialismo histórico. Elucidar o processamento da ideologia em nível subjetivo é tarefa que se outorga à psicanálise.[10]

O complexo de Édipo, organização libidinal que articula o desejo e a lei, estrutura estruturante da personalidade e condição da reprodução dos sujeitos-suportes, é o espaço privilegiado em que se entrecruzariam a ciência do inconsciente e a ciência da história.[11]

Aqui, o complexo de Édipo foi o conceito capital que possibilitou a compreensão psicanalítica de um problema sobredeterminado pela história de uma formação social específica e pela história da estruturação do sujeito-suporte dos efeitos ideológicos pertinentes a essa formação social.

Conclusão

O NEGRO BRASILEIRO QUE ASCENDE socialmente não nega uma presumível identidade negra. Enquanto negro, ele não possui uma identidade positiva, a qual possa afirmar ou negar. É que, no Brasil, nascer com a pele preta e/ou outros caracteres do tipo negroide e compartilhar de uma mesma história de desenraizamento, escravidão e discriminação racial não organizam, por si só, uma identidade negra.

Ser negro é, além disso, tomar consciência do processo ideológico que, através de um discurso mítico acerca de si, engendra uma estrutura de desconhecimento que o aprisiona numa imagem alienada, na qual se reconhece. Ser negro é tomar posse dessa consciência e criar uma nova consciência que reassegure o respeito às diferenças e que reafirme uma dignidade alheia a qualquer nível de exploração.

Assim, ser negro não é uma condição dada, a priori. É um vir a ser. Ser negro é tornar-se negro.

Tornar-se negro, portanto, ou consumir-se em esforços por cumprir o veredito impossível — desejo do Outro — de vir a ser branco, são as alternativas genéricas que se colocam ao negro brasileiro que responde positivamente ao apelo da ascensão social.

A possibilidade de construir uma identidade negra — tarefa eminentemente política — exige como condição imprescindível a contestação do modelo advindo das figuras primeiras — pais ou substitutos — que lhe ensinam a ser uma caricatura do branco. Rompendo com esse modelo, o negro organiza as condições de possibilidade que lhe permitirão ter um rosto próprio.

A outra alternativa, possibilidade impossível, em última instância, frágil utopia que reduz o negro a se modelar segundo o figurino do branco, é aquela que, ao lhe acenar com um ideal inalcançável, engendra no negro uma ferida narcísica por não cumprir esse ideal.

Essa ferida narcísica e os modos de lidar com ela constituem a psicopatologia do negro brasileiro em ascensão social, e têm como dado nuclear uma relação de tensão contínua entre superego, ego atual e ideal do ego. Em nível clínico, essa relação de tensão toma o feitio de sentimento de culpa, inferioridade, defesa fóbica e depressão, afetos e atitudes que definem a identidade do negro brasileiro em ascensão social como uma estrutura de desconhecimento/reconhecimento.

Essa identidade, que em tudo contraria os interesses históricos e psicológicos do negro, tem sido uma tradição na história do negro brasileiro em ascensão social. Entretanto, a construção de uma nova identidade é uma possibilidade que nos aponta esta dissertação, gerada a partir da voz de negros que, mais ou menos contraditória ou fragilmente, batem-se por construir uma identidade que lhes dê feições próprias, fundada, portanto, em seus interesses, transformadora da história — individual e coletiva, social e psicológica.

Anexos

Loucart: a quem serve a arte?*

A quem serve a arte?
Em primeiro lugar a arte deve servir ao artista, é claro.
E servir em todos os sentidos. Servir como atividade criadora, campo de realização das possibilidades inventivas do sujeito, e como atividade produtiva que gera bens de troca, que gera dinheiro, esse equivalente geral das trocas.
Isso deve valer para todo artista e para o artista louco, em especial.
O tratamento dos loucos pode ser definido, em sua essência, pela recuperação dos laços sociais. Laços sociais em que o paciente venha a se afirmar como sujeito: sujeito de direito, sujeito responsável, sujeito de desejo. Nesse sentido, criar vínculos nos quais sua palavra e seu desejo possam ser ouvidos e respeitados: eis o essencial.
É Fernando Diniz quem diz: "Se eu fosse rico, se tivesse dinheiro, fazia uma casinha *pra* mim". É preciso ouvir a palavra de Fernando Diniz, a palavra do artista, a palavra do louco.
Que as obras dos pacientes possam participar do circuito das trocas, que elas possam ser expostas e comercializadas — desde que seus autores o permitam —, é essencialmente terapêutico no que insere o sujeito num campo rico de víncu-

---

* Texto inédito, datado de 1997. Do acervo pessoal da autora.

los sociais. Além disso, é uma prova de que reconhecemos no louco sua condição de sujeito e repudiamos toda tentativa de tomá-lo como objeto, quer seja objeto de tutela, de investigação ou de exploração.

A arte, que em primeiro lugar serve ao artista, serve também a outros: à instituição, ao mercado, a todos nós. Que ela possa servir a tantos é prova da potência da arte e de um complexo de forças outras que se enfrentam aí. Isso não é mau, necessariamente. O perigo é invertermos a ordem das coisas e esquecermos que em primeiro lugar está o artista, nosso artista louco, e, depois, o mais.

Ao artista, portanto, sua obra, sua arte.

O estrangeiro: nossa condição*

O estrangeiro, diz o senso comum, é o outro. Outro que se afirma em muitos sentidos: outro país, outro lugar, outra língua, outro modo de estar na vida, de fruir, de gozar. O estrangeiro é o outro do familiar, o estranho; o outro do conhecido, o desconhecido; o outro do próximo, o distante, o que não faz parte, o que é de outra parte.

Para a psicanálise, o estrangeiro é o eu. O eu não tomado como o quer o senso comum — unitário, coerente, idêntico a si mesmo —, mas o eu pensado em sua condição paradoxal — dividido, discordante, diferente de si mesmo —, tal como, de uma vez por todas, o poeta nos ensinou: "Eu é um outro".

O eu, sua verdade é sua divisão. Uma divisão permanente, irredutível. Divisão, e não síntese; outro, e não o mesmo: é assim que a psicanálise pensa o eu, esse estrangeiro, esse outro que somos nós.

Ao não querer saber nada do paradoxo, o senso comum e toda uma psicanálise que se sustenta aí partilham com o eu sua presunção e seu erro: presunção de ser um, desconhecimento de que se é sempre outro, estranho gêmeo, duplo assimétrico do sujeito; presunção de harmonia, desconhecimento de que

---

* Publicado originalmente in: *O estrangeiro*. Org. de Caterina Koltai. São Paulo: Escuta; Fapesp, 1998, pp. 155-63.

há sempre discordância, conflito; presunção de liberdade, de livre-arbítrio, desconhecimento de que se é sempre obrigado a fazer uma escolha, escolha forçada, na qual, no todo ou em parte, se perde sempre; presunção de síntese, desconhecimento da contradição que divide e desconcerta o sujeito; presunção, esforço vão, de alijar, cassar os direitos do estrangeiro que, desde sempre, mora em nossa casa.

Esse estrangeiro que, desde sempre, vive em nossa casa é o que há de mais exterior e íntimo, de mais estranho e familiar. Sendo o mais opaco, o mais escondido, é, ao mesmo tempo, o mais estranho e o mais interior. O mais íntimo não se conjuga com a transparência — ao contrário, ele se diz no mesmo sentido que a opacidade. É capaz de suscitar angústia e horror justamente porque nos concerne, convive conosco, e por estar tão em nós, tão escondido em nós, se perde aí — tal qual um bem precioso que, de tão bem guardado, se perde. Perdido, o estrangeiro retorna e, retornando como fato bruto destituído de forma, nos confronta com a distância, com o longínquo, com o informe, nos fazendo experimentar a estranha presença daquilo que antes nos fora familiar.

Num belo ensaio chamado "O estranho", "Das Unheimliche",[1] Freud nos faz caminhar pelo termo alemão nos mostrando o encontro dos contrários. Na própria palavra "heimlich", que se traduz por "familiar", encontram-se o familiar e o estranho. Seu sentido se desenrola em direção a uma ambivalência, chegando a um ponto paroxístico no qual coincide com o seu oposto, "unheimlich". A tese do artigo é rigorosamente fiel a esse achado semântico; o estranho é aquela categoria do terrorífico que remete ao conhecido e familiar — um familiar e conhecido que se tornou o alheio, alijado que foi pelo processo de recalque, um processo que, ao excluir, faz do excluído a região nuclear, centro pulsátil da experiência do sujeito. Para falar dessa região, "terra estranha interior", Lacan inventou um nome — êxtimo, extimidade —, nome para designar, de maneira problemática, o real no simbólico. É que o simbólico que nos concerne, o simbólico que organiza a experiência analítica, abriga em sua estrutura uma heterogeneidade radical. É o real, o núcleo duro do real. No centro do dizer habita o que não se pode dizer, no universo feito de palavras há um mundo em que palavra alguma jamais pisou.

O estranho é esse enlace entre os registros simbólico e real que, num átimo, se nos apresenta no imaginário, lugar no qual tudo se representa, no qual tudo vem à luz. No entanto, o estranho se mostra aí despido dos paramentos que dão consistência a esse registro, nudez esta responsável pelo caráter terrorífico, pela presença angustiosa, marcas próprias do real como impossível de suportar. A experiência do estranho parece indicar um momento de ruptura no tecido do mundo, essa teia de véus, imagens, sentidos e fantasmas que constituem o pouco de realidade que nos é dado provar.

Mesmo que o estranho seja a experiência do informe, da perda das imagens, palavras e sentido, mesmo assim o sujeito se vê constrangido, a posteriori, a organizar essa experiência por meio de formas, palavras e personagens que compõem um novo cenário e que, de novo, restituem a consistência e o véu, véu de Maia, essa ilusão tão necessária para viver.

É assim que há formas, figuras, do estranho.

Uma de suas formas é o autômato. O autômato é isso que rouba o lugar do que deveria ser espontâneo e natural, tão espontâneo e natural que não se faria notar. O autômato é a figura em movimento daquilo que deveria ser inerte, areia movediça no lugar de terra firme, voz no lugar do silêncio, animação no lugar da quietude.

O automatismo mental, fenômeno não raro em pacientes psicóticos, é a presença de um Outro e seu discurso, presença de uma exterioridade, no centro da intimidade do sujeito. Experiência dramática que o agita, o inquieta, rouba seu silêncio e sossego. O paciente afetado pelo automatismo mental queixa-se de invasões, abusos, usurpações: vozes que gritam no silêncio, presenças impostas de ideias, sensações e atos, presenças forçadas que tomam seu pensamento e seu corpo semeando estranheza, transformando território íntimo em região estrangeira.

Lenz, o esquizofrênico dos longos, intermináveis passeios a pé, roubado em seu sono por essa voz persistente, interroga seu interlocutor, alguém como nós, que tem ouvidos para não ouvir: "Não está ouvindo nada?", pergunta Lenz. "Não está ouvindo a voz terrível que grita no horizonte afora e a que se costuma chamar de silêncio?"[2]

A maioria de nós tem ouvidos mas não ouve essa falação, "essa modulação contínua de uma frase, verdadeiro monólogo interior que se articula com o diálogo exterior, essa frase que insiste e persiste, sempre a circular, sempre pronta a ressurgir sob mil formas",[3] frase esta que não ocupa demasiado o neurótico, mestre em arranjar tudo no sentido de que sua consciência se desvie dessa voz, mestre em ter ouvidos para não ouvir. Essa frase, esse discurso, é o inconsciente — o inconsciente, Outro exterior e íntimo a quem estamos mais ligados do que a nós mesmos, ainda que não queiramos saber nada disso. Outro que nos agita no ponto mais assentado de nossa identidade.

Estranho Outro a quem nos agarramos no ponto de extremo desamparo, em que todo o conhecido se afasta, em que todo o familiar se ausenta, em que todo o íntimo se separa. Nesse lugar em que todo o sustento vacila, encontra-se o Outro em sua extimidade, exterioridade íntima, estranho familiar, estrangeiro nativo.

Uma outra figura do estranho é o duplo. Duplo que pode aparecer como imagem especular ou como sensação de pura presença que, apesar de invisível, não deixa dúvidas quanto à sua existência.

Num conto chamado "Le Horla",[4] Guy de Maupassant nos oferece, em belas páginas, a experiência do estranho como pura presença. Presença de um ser cujos limites continuam com a alma e com o corpo daquele que, sem escolha, abriga o estrangeiro. "Eu vivia", diz o narrador, "sem o saber, essa dupla vida misteriosa que faz duvidar se há dois seres em nós ou se um ser estrangeiro, impossível de ser conhecido e invisível, anima [...] nosso corpo cativo que obedece a esse outro, como a nós mesmos, mais do que a nós mesmos".

Que o duplo possa suscitar inquietude e estranheza não é evidente; não se vê, de imediato, o porquê. Ao contrário, o que se observa aponta em outra direção: a criança, por exemplo, ao descobrir sua imagem no espelho, experimenta júbilo, alegria, não estranheza e inquietação.

É verdade, mas isso se dá porque a imagem do duplo se confunde com o eu ideal, imagem de plenitude e onipotência com que sonha nosso pequeno e frágil eu. No entanto, é por aí mesmo, por fazer contraste com o nosso miserável eu, por assinalar nossa precariedade, é por isso que a imagem do duplo ganha seu sentido terrorífico, ameaçador. O que era imagem especular vira espectro, vulto, fantasma anunciador da morte. O que era motivo de júbilo torna-se causa de estranheza: o familiar agora é estranho.

Outra figura do estranho é o feminino. O feminino pensado como diferença, alteridade — o feminino como Outro. Outro sexo, outro modo de gozo, outra raça, outro país, outra língua. O feminino é o Outro que se opõe ao mesmo, resiste ao um da norma, faz objeção ao todo, à totalização, se contrapõe à ordem dominante. Norma de um lado, feminino do outro. A norma é sempre o masculino, o fálico, o adulto, o europeu. O feminino é o excedente, a desmesura, o que não se deixa reduzir, o que, com a norma, não tem medida comum. Nesse campo aberto habita o estrangeiro, o diferente, o que caminha em outra direção. Mora aí nessa região sem fronteiras aquele que convive com outro sentido, com outra significação, e que passeia por outros mundos possíveis. Mundos em que reina outra lógica, em que se fala outra língua. Nessa região habitam os psicóticos. Em sua deriva, e à moda nômade, os psicóticos se encontram aí, estrangeiros ao senso comum e ao bom senso, estrangeiros para o outro, estrangeiros para si mesmos, eles que se acham tão despojados de um si mesmo.

Diferentes dos neuróticos, normais e comuns, não partilham da graça de estar em sua própria casa. Às vezes, seu corpo e sua língua lhes são hostis, tecem tramas e armadilhas, tornam-se perigosos, perseguem-nos, obrigando-os a travar um duro combate no seio de um si mesmo disjunto — corpo-próprio faz-se corpo despedaçado, corpo, membro e língua disjuntos.

Wolfson, "o estudante de línguas esquizofrênico", como se autointitulava, escreveu um livro memorável, *Le Schizo et les langues*,[5] no qual nos revela sua vida por meio de seu trabalho

— mais do que trabalho, uma permanente luta cotidiana com a língua materna. Sua língua, o inglês, lhe é hostil. Nada o perturba, nada o aflige, nada lhe faz tão mal quanto ouvir palavras inglesas. Diante de uma palavra em inglês, "o idioma doloroso", Wolfson tenta buscar uma palavra estrangeira que lhe seja equivalente, no que se refere tanto ao sentido quanto ao som.

Aqui, o familiar se tornou estranho, e o estrangeiro, familiar. O procedimento de Wolfson nos demonstra a experiência da extimidade em que se articulam o exterior e o íntimo, o estrangeiro e o familiar. Uma dupla tarefa se impõe a Wolfson: destruir a língua materna que se tornou estranha, e destruí-la produzindo o estrangeiro. Sua tarefa, seu empenho, é fabricar uma verdadeira língua estrangeira. Para Wolfson, não basta traduzir o inglês numa outra determinada língua. Isso é pouco; ele quer mais. Para destruir a língua materna, que se tornou insólita e nociva, ele precisa do concurso de muitas línguas. Contra o familiar que se tornou estranho, é preciso inventar o estrangeiro. Assim, ele cria um amálgama de várias línguas, subverte gramáticas e sintaxes, ousa modificações ortográficas, tudo isso para que sentidos e sons sejam preservados nessa transposição, verdadeira viagem que faz de Wolfson cidadão do mundo, estrangeiro para todos.

Viajante nômade, Wolfson atravessa países e continentes sem sair de seu gabinete de estudos. É que ele trouxe o estrangeiro para casa. Fez de sua casa, de sua terra, de sua língua natal, território estrangeiro. Dentro do familiar, engendrou o estranho, num movimento inverso àquele que tornou insólita e estranha sua língua materna, sua língua familiar.

A experiência de Wolfson não é isolada. A afinidade dos loucos com o estrangeiro, em matéria de língua, é fato inconteste. Só para tomar um exemplo ilustre, Qorpo Santo, nosso mestre maior do teatro do absurdo, no vigor de sua loucura, propôs destruir a antiga ortografia do português, sua língua materna, romper com a identidade do passado, quebrar com o familiar, e criar um modo novo de escrever. No ato de Qorpo Santo pode-se ler sua enunciação: "que nos venha um ar novo, fresco, para arejar o velho, o familiar; que nos chegue um toque de novidade, pouco importa que seja estranho; bem-vindo o estrangeiro no lugar do familiar".

A vivência do estranho familiar, já o dissemos, não é privilégio de nenhum sujeito, não especifica nenhum tipo clínico. Ela aparece para todos e para qualquer um. Psicóticos e neuróticos, cada um a seu modo, partilham dessa mesma experiência. O sintoma neurótico, por exemplo, Freud o pensou como o que haveria de mais estranho ao eu no interior da alma, uma verdadeira "terra estranha interior".[6]

A experiência de estranheza às vezes se veste com o sentimento de fastio do mundo. Num texto de rara beleza sobre a transitoriedade,[7] Freud se refere ao "doloroso fastio do mundo", sentimento que acomete alguns sujeitos quando afetados pela finitude das coisas, finitude que não poupa nem a beleza nem a perfeição.

Afetado pela transitoriedade das coisas, há quem mergulhe na dor, nas paixões tristes, no sentimento de estranheza, no abandono mais desamparado. O mundo se torna estrangeiro, e o sujeito faz-se presa do desalento. Mas, é o que pondera Freud, não é obrigatório que as coisas se passem assim. Por que a transitoriedade haveria de desqualificar os seres aos quais ela toca? Como o belo e o perfeito tornar-se-iam menos valiosos?

A transitoriedade não implica desvalorização dos valores, ao contrário, ela se constitui como um bem a mais, um valor excedente — o valor de escassez no tempo. Que o gozo de algo seja limitado por ser breve, que o usufruto de um bem seja circunscrito por ser efêmero, que seja assim, só acresce o valor do bem. O pensamento da transitoriedade do belo e do perfeito não se conjuga necessariamente com o doloroso fastio do mundo. E, quando isso ocorre, posto que é da ordem do possível, é porque o sujeito foi atravessado por um pensamento de luto. Um luto ao qual o sujeito se antecipa e resiste, luto contra o qual se revolta ao vislumbrá-lo no horizonte. Num movimento contraditório, o sujeito precipita a perda e se agarra ao objeto. Adianta-se e imobiliza-se frente ao trabalho de perder o perdido.

É nesse estado de alma que o estranho como "doloroso fastio do mundo" se presentifica ao sujeito. Pudesse este acolher o efêmero, admitir a transitoriedade de todas as coisas, abraçar o nômade em sua transição fugaz, pudesse o sujeito dizer sim ao estrangeiro, esse passageiro da diferença, e o estranho haveria de se conjugar, não com inquietude, desalento, dor e medo, paixões tristes, mas aliar-se com a alegria do novo, com a afirmação do múltiplo, afirmação trágica do plural, do diferente. Só assim o estranho viria a se definir como afirmação alegre da diferença, verdadeiro antídoto contra toda forma de racismo. O racismo é essa peste, olhar odioso que afeta o Outro, visada de ódio e intolerância àquilo que funda sua diferença. Ódio e intolerância ao Outro, o racismo é essa maneira funesta de pensar e agir, fruto de uma vontade totalitária em seu duplo afã de extirpar do Outro o seu modo de gozo e, ao mesmo tempo, de lhe impor o nosso.

Contra o racismo de todas as cores, de todos os sexos, de todas as crenças, de todas as línguas, de todas as culturas, de todos os países, contra esse horror, que nos valha o estrangeiro — o estrangeiro de toda parte, o estrangeiro do exterior e do interior de nós mesmos.

E agora, José?*

A letra do poeta foi, para mim, o fio condutor daquilo que vou falar hoje para vocês. A letra e, sobretudo, a interrogação do poeta.

Vou tomar a interrogação do poeta — *E agora, José?* — como uma questão dirigida ao analista e, em particular, ao analista que se dedica, se aplica, se empenha e, a cada dia, insiste em trabalhar com os loucos.

A pergunta — *E agora, José?* —, ouço-a como uma questão sobre o que fazer.

O que fazer? Qual a tarefa do analista ao lidar com o louco e sua loucura?

Penso que a primeira tarefa do analista é a de se perguntar sobre o que se quer dizer quando se diz que alguém é louco.

Perguntar isso é não se contentar com a resposta comumente dada, quer pelo senso comum, quer pelo saber estabelecido. Nem o saber que corre pelas ruas, nem o saber que dorme nos manuais, nem um nem outro convêm ao psicanalista. Nem um nem outro servem ao psicanalista em sua tarefa de tratar, cuidar, lidar, com o louco.

E por que esses saberes não servem?

Primeiro, porque eles falam do louco, em geral e a priori.

---

* Texto inédito, datado de 2000. Do acervo pessoal da autora.

Porque cada um, a seu modo, fala de generalidades. E o saber que interessa ao psicanalista é o saber do particular que se recolhe, a posteriori, de cada sujeito que busca, que faz apelo ao analista.

Segundo, esses saberes não servem porque supõem uma distância, uma clivagem máxima entre loucos e não loucos. Tanto o discurso que nos vem do senso comum quanto o que se aprende a partir da psicopatologia nos dizem que o louco é muito diferente de nós, os não loucos: que eles vivem fora da realidade e que seu dizer não tem sentido — como se houvesse apenas uma realidade, e como se só existisse uma única possibilidade de sentido.

Tanto o discurso próprio ao senso comum quanto aquele dos manuais consagrados falam do louco como de um ser privado de algo — de algo que nós, não loucos, temos, e eles, coitados, não têm. Esse não ter vai de tal ou qual enzima a tal ou qual função.

Tanto o discurso do senso comum quanto o discurso da psicopatologia destituem o louco de sua condição de sujeito responsável. Para ambos os discursos, o louco não é responsável, isto é, não é capaz de *responder* por seus atos. E, se o louco não é responsável, a conclusão a que se chega — tanto o homem do senso comum, quanto os "psis" — é a de que o louco não é passível de tratamento analítico, de que o louco está excluído da clínica analítica, de que, com o louco, a clínica psicanalítica não é possível.

É por isso que esses saberes não nos convêm, não nos servem. De que poderia nos servir um saber que fomenta e cristaliza preconceitos? De que poderia servir um saber que nos condena à impotência e à paralisia? De que poderia nos servir um saber que vai na contramão do verbo "fazer", do verbo "caminhar"?

E a nossa pergunta, a nossa e a do poeta, é: o que fazer?

E a nossa resposta, a nossa e a do poeta, é: caminhar.

E o que significa fazer e caminhar quando se trata do analista, em seu lidar com o louco, em sua tarefa que é analisar?

Dizíamos que a primeira tarefa do analista é a de se perguntar o que é o louco, desconfiando das velhas respostas, tão cheias de arrogância e preguiça.

A segunda tarefa é a de responder o que é o louco, buscando uma resposta que sirva, isto é, uma resposta que permita servi-lo. Isto é, uma resposta que permita incluí-lo num laço social de trabalho, num laço social de tratamento.

Proponho a vocês uma resposta: louco é todo aquele que acredita que o mal, o horror, o sofrimento, o mal-estar próprio à nossa condição, a dor mais além do princípio do prazer, numa palavra, o gozo, louco é aquele que acredita que isso é obra do Outro, que o Outro é responsável, que o Outro quer seu mal, que o Outro goza, usufrui, tira proveito, de seu mal.

E mais: além de acreditar que o Outro é responsável e usufrui do seu mal, o louco é aquele que acredita que não tem nada a ver com isso, que é vítima passiva, verdadeira marionete, objeto do gozo do Outro.

Louco é aquele que se recusa a aceitar uma parcela desse gozo, uma parcela — por menor que seja — dessa maldade que ele atribui absolutamente ao Outro.

E, a partir dessa premissa — o Outro é totalmente responsável por meu mal —, louco é aquele que escolhe romper com o Outro, com seus semelhantes e com o mundo e criar um sistema de defesa, criar um outro mundo.

Entre os loucos há diferentes tendências: uns tendem à ruptura, à dissociação; outros tendem à criação de um sistema. Refiro-me aos dois grandes campos nos quais se ordena a loucura — campo das esquizofrenias e campo das paranoias —, campos estes não estanques, envolvendo todas as gradações e nuances possíveis.

Nos loucos cuja tendência básica é a dissociação, há uma especial capacidade de *ouvir*. Isto é, especial capacidade de se deixar invadir por uma espécie de falatório, um falar incessante, que é o discurso do Outro — esse falar ininterrupto, imemorial, herança que recebemos e que, se não nos apropriarmos dela como coisa nossa, como nossa fala silenciosa, como nosso pensamento, se torna um tormento, uma imposição, um abuso, uma intrusão.

Preciso dizer uma palavra sobre esse termo "ouvir": quando os pacientes nos dizem ouvir — ouvir vozes —, não se trata de uma experiência acústica. As vozes são mudas, ainda que façam barulho, isto é, ainda que incomodem, perturbem, se façam presentes. Dizer "ouvir" é um modo de expressar o desarranjo da existência, uma existência em que o sujeito se sente aberto, exposto, tomado, invadido pelo Outro.

Um outro traço se apresenta nesses pacientes: é a tendência à fragmentação e à ruptura do discurso. Eles falam sobretudo da fragmentação do pensamento. São as frases interrompidas, cortadas, pedaços de pensamento. Nesses pacientes se verifica uma especial tendência a atar e desatar, a montar e desmontar, tecer e romper, coser e descoser. Isso quem me disse foi uma paciente: "Louco é criativo — tem que desmontar e montar. É desmontar e montar o tempo todo. Dá muito trabalho".

Há um outro tipo de louco cuja tendência básica é a sistematização. Tudo tende ao sistema. Aquilo que, no momento do surto, foi abalado ou mesmo rompido, tende a fazer *um*, a se fixar, a se solidificar num sistema. O exemplo clássico é Schreber: as palavras desconexas, as frases interrompidas, os fragmentos de pensamento que ele ouvia, tudo isso ele reuniu numa ideia ordenadora, a ideia de que era coagido a pensar, e mais, encaixou tudo isso num sistema — o sistema-de-não--falar-até-o-fim —, sistema este feito justamente de pensamentos incompletos os quais era obrigado a completar.

Ao realizar as duas tarefas iniciais — a de se perguntar e a de responder o que é o louco —, é preciso que o analista passe à terceira tarefa: a tarefa de definir a clínica analítica. Pois, não esqueçamos, trata-se de responder o que fazer.

E agora, José, o que fazer?

E agora, analista, o que fazer face ao louco?

O fazer do analista, é óbvio, inscreve-se na clínica analítica. Daí, portanto, a necessidade de passarmos à terceira tarefa, a de definir a clínica analítica.

A clínica analítica é uma prática, uma experiência, em que se trata de lidar com o real — o real enquanto impossível de suportar — através da palavra. A clínica analítica, portanto, se funda no que se diz numa análise, isto é, num vínculo social estabelecido entre analisante e analista — o analisante instituindo o analista ao lhe dirigir seu apelo, sua queixa, e o analista se estabelecendo enquanto tal ao recolher esse apelo e suportar as consequências que advêm daí: a transferência e seus avatares.

Nesse vínculo feito de palavras, face à demanda, aos ditos do analisante, responde a presença do analista, presença de escuta, feita de silêncio e de dizer.

A presença do analista se caracteriza por ser uma presença firme e despojada — firme na decisão de sustentar a transferência e despojada da vontade de convencer, influenciar, querer-fazer-o-bem-do-paciente, dirigir consciências e vidas. A presença do analista é uma presença atenta, feita não de expectativa mas de espera e paciência — espera do que vier, como vier; paciência de deixar correr o tempo necessário dos acontecimentos. A presença do analista é uma presença decidida, disposta a recolher a queixa como verdade e a incluir-se no sintoma. É uma presença atenta, afinada com o senso de oportunidade e resolvida a pegar a chance com duas mãos quando e onde ela surgir.

A clínica analítica é um laço de trabalho tecido entre analisante e analista, laço este em que, propriamente falando, é o analisante quem trabalha. É certo que o analista não está aí para descansar, mas seu lugar é de reserva e de silêncio, e seu trabalho, que está submetido ao do analisante, consiste fundamentalmente em fazê-lo continuar.

Na clínica analítica, o trabalho é todo feito de palavras, de enunciados, e, ainda que não faltem atos — *acting out* e passagem ao ato —, estes devem ser reconduzidos, de novo, ao estado de palavra. Desse trabalho de palavra, o que se espera do analisante é que ele teça e desfie, monte e desmonte, construa, desconstrua e reconstrua sua história, delírios, identificações.

Nesse trabalho, o analista intervém com o seu dizer para fazer o analisante avançar, seguir o curso que lhe é próprio, curso este cujas linhas de força estão inscritas na particularidade de cada situação. Nesse trabalho, o analista intervém conforme as dicas do próprio paciente, verdadeiras pérolas de orientação, essenciais à condução do tratamento e ao manejo da transferência. Nesse trabalho, o analista intervém segundo sua escuta e leitura, escuta e leitura do saber que se extrai do analisante, saber este que surge nas entrelinhas das queixas, nos intervalos das demandas, nos tropeços dos ditos, numa palavra no lugar da outra, nos sonhos sempre bem-vindos.

Nesse trabalho, o analista intervém com o seu dizer, recolhendo a ocasião, a chance, o momento propício, para a efetivação da mudança por longo tempo preparada num processo contínuo e sutil de ínfimas transformações.

O dizer com o qual o analista intervém e que lhe é próprio é a interpretação.

E o que é a interpretação?

Comecemos dizendo o que ela não é, comecemos dizendo qual a interpretação que não convém à clínica analítica.

A interpretação que não convém à experiência analítica aparece sob duas formas, encarna-se em duas figuras: a "interpretação gorda", também chamada "álbum de figurinhas", e a interpretação "penetrar no inconsciente".

Essas são expressões usadas por dois pacientes para se referir respectivamente à interpretação cheia de sentido e à interpretação desvelamento.

A interpretação gorda ou álbum de figurinhas foi definida assim: "vai colando, vai enchendo, adiciona coisas, papai, mamãe, figurinhas — e depois joga fora, que não serve pra nada".

Quanto à interpretação desvelamento, vou lhes relatar o fragmento clínico em que essa nomeação ocorreu. Um dia, no curso de sua sessão, Daniel me surpreende com a pergunta:

— Você penetra no inconsciente?

— Como assim?

— Meu outro analista penetrava.

— Como?
— Um dia, eu ia ligar pra uma pessoa e liguei pra ele. Aí, na sessão, ele disse que eu queria falar com ele. Quer dizer: penetrou no inconsciente. Você penetra?

Rindo, respondi:

— Não! Deus me livre de penetrar no inconsciente dos outros.

Rimos juntos.

A interpretação que convém à clínica analítica é um dizer equívoco, capaz de introduzir um cavo, uma cunha, no fluxo dos ditos, dizer que é um quase nada, capaz de balançar a certeza das significações fixas e fazer advir novos sentidos, novas significações.

Nesse trabalho, pouco a pouco o sujeito vai se incluindo no que lhe acontece, consentindo no que lhe advém, acatando os acasos, tornando-se responsável. Pouco a pouco, o paciente vai se tornando agente. Esse é um trabalho todo feito de perdas e ganhos. Perda de velhos apegos, ganho de mobilidade e saber, saber efetivo, saber fazer. A experiência analítica leva todo sujeito a provar que nada, nenhum ganho, é garantido, toda conquista é incerta e tudo deixa a desejar, restando a cada um fazer alguma coisa com isso — *com* isso quer dizer incluir na vida esse inexorável, reinventando assim uma conduta, um caminho, um destino.

Definidos assim conforme o fizemos, será que encontramos alguma incompatibilidade, alguma incongruência, entre o louco e a experiência analítica?

O acreditar no gozo todo do lado do Outro — assim definimos o louco —, será que isso torna impossível o tratamento analítico?

Penso que não, pois nessa crença também há divisão. Esse todo é também não todo. Divisão, incompletude e inconsistência, tudo isso pode conviver com o delírio. Malgrado a fixidez e a consistência da certeza delirante, também aí há vacilação, algo que pode balançar, algo que pode ser abalado. Como me disse uma paciente, falando de suas experiências delirantes: "O problema é quando se acredita [...] mas um dia se desconfia".

De todo modo, a aposta do analista não pode ser em outro lugar senão nas linhas de fratura constitutivas do cristal que é o próprio sujeito. Tal qual um cristal, aquele que fala é atravessado por brechas e linhas de clivagem, fissuras próprias à língua, ao cristal da língua falada por cada um, cristal feito da ambiguidade de cada palavra e da equivocidade do sentido.

De novo, retomo o exemplo do ponto, várias vezes relatado: um paciente concentrava na palavra "ponto" o essencial de seu delírio. *Ponto* era o nome próprio da acusação maior que *os caras* lhe faziam, acusação de que ele se prostituía, fazia ponto. Enfim, ponto era a injúria, por excelência. Um dia, ele chega à sessão e diz estar chateado.

— E por quê? — pergunto-lhe.

— Uma mulher pediu ao motorista pra saltar. O motorista disse: "Só paro no ponto". Sei que é ponto de ônibus, mas fiquei chateado.

A sessão continua, ele fala desse e de outros assuntos, e, ao final, sem pensar, digo: "Ficamos nesse ponto".

Ele ri e diz, brincando e ao mesmo tempo falando sério: "*Ponto* não!".

Apostando na divisão, o analista monta sua estratégia, que é a de aproveitar as vacilações que surgem no discurso, valorizando a mobilidade e a novidade das significações. Aproveitar as oscilações que surgem no discurso permite também ao analista deslocar-se, ainda que pontual e minimamente, das significações rígidas atribuídas ao personagem que ele suporta na transferência.

E aqueles pacientes afetados fundamentalmente por fenômenos dissociativos?

Será que a tendência à dissociação não tornaria o tratamento analítico impossível?

De novo, penso que não, e minha aposta aqui é no tempo, no manejo do tempo.

Aqui, as circunstâncias exigem um trabalho que demanda tempo, tempo de preparação: um tempo de tecer e construir, juntar pedaços, atar fragmentos, ligar o dissociado, reunir o disperso, tempo de "engenheirar", como o disse uma paciente. Só depois desse trabalho, só depois de transcorrido esse tempo, é que se abre um outro momento para que essa construção, para que esse mundo reordenado, possa experimentar alguma fissura, alguma oscilação. Aqui, além de tempo e paciência, o analista conta com o acaso que, inesperado, surge como um presente do real.

E aqueles pacientes afetados basicamente por fenômenos paranoicos? A tendência à sistematização tornaria o tratamento analítico impossível?

Mais uma vez, penso que não, e pelas mesmas razões anteriores: a divisão do sujeito e a aposta do analista. A divisão do sujeito de um lado, e a aposta do analista, do outro; o trabalho do sujeito de um lado, e a paciência do analista, do outro. A divisão e o trabalho do sujeito, a aposta e paciência do analista conspiram juntos a favor da análise.

A tendência a sistematizar, a paixão pela coerência e a repulsa a tudo o que vem abalar uma construção lógica, tudo isso pode conviver e convive com o furo, com o acaso e o inesperado, com *as rasteiras do inconsciente* — essa expressão é também de um paciente.

A tendência a sistematizar não impede, portanto, que a análise siga o seu curso e caminhe na direção que lhe é própria, direção em que se verifica que tudo deixa a desejar.

Assim é que, contando com a divisão do sujeito, de um lado, e com o desejo do analista, de outro, sou levada a responder que a clínica analítica com pacientes psicóticos é possível.

É assim que, diante da interrogação do poeta — *E agora, José?*, ou *E agora, analista, o que fazer?* —, podemos responder: continuar a trabalhar, continuar a análise, ou, simplesmente, continuar.

É assim que, neste momento de concluir, convoco um outro homem de letras e de teatro, Samuel Beckett, para dizer com ele: "É preciso continuar. Eu não posso continuar. Eu vou continuar".

O que pode um analista aprender com os pacientes psicóticos?*

O que pode um analista aprender com os pacientes psicóticos?

Muitas coisas. Pensei em falar para vocês duas ou três coisas que tenho aprendido com eles.

Um primeiro aprendizado diz respeito ao ato, sempre renovado, de receber o paciente. Recebê-lo, isto é, aceitá-lo.

Um dos modos de aceitar é não julgar.

Dito assim, parece óbvio e sabido desde sempre. Quem não sabe que não convém, não compete, ao analista julgar o paciente? Quem não sabe que o julgar extrapola sua função? Mas costumamos saber num lugar e ignorar noutro. Costumamos saber de cor a lição dos livros, e ignorar, em ato, o saber sabido. Costumamos saber e esquecer, e nada como o paciente para nos lembrar. E nada como a fala, a resposta, de nosso paciente para ajustar ou retificar nossa posição e ampliar nossa possibilidade de ouvir e aprender.

De um pequeno diálogo com um paciente colhi, em seu frescor, essa lição.

No começo da sessão lhe pergunto:

— Como vai?

E ele, enigmático, responde:

---

* Texto inédito, datado de 17 de maio de 2002. Do acervo pessoal da autora.

— Cada vez mais cada vez...
Diante de minha resposta, um puro ponto de interrogação, ele diz:
— Melhor ou pior é julgamento. A mente é muito complexa.
Essa lição se articula com outra: eu me refiro à lição do tempo, ou lição da paciência.
Receber, aceitar o paciente, é também acatar o tempo. Acatar o tempo em seu transcorrer, ora ruidoso, ora silencioso, tempo de acontecimentos e de aparente ausência de acontecimentos — há momentos em que parece não acontecer nada, momentos de aparente estagnação e vazio, momentos em que os dias correm, o calendário avança, e nada parece acontecer. Momentos difíceis em que é preciso aprender e consolidar a lição da paciência.
Nesses momentos difíceis, é exigido ao analista aprender que o calendário dos acontecimentos não acompanha o calendário dos dias, e que, quando nada acontece, um milagre está vindo no caminho. "Milagre" aqui é a palavra do poeta,[*] palavra traduzida na fala do paciente por "complexidade".
A complexidade da experiência vivida é teia que se tece devagar, num processo de trabalho ininterrupto, ainda que sutil e quase imperceptível. Sutil e imperceptível mas contínuo. No entanto, o analista às vezes se esquece disso e quase desanima.
Foi assim um dia em que eu, na beira do desânimo, quase apelando para algum recurso substitutivo — o psiquiatra, os remédios —, fui acordada por meu paciente, que me lem-

---

[*] "Tudo, aliás, é a ponta de um mistério. Inclusive, os fatos. Ou a ausência deles. Duvida? Quando nada acontece, há um milagre que não estamos vendo." (Guimarães Rosa, ["O espelho"].) (N. A.)

brou da análise, do recurso e do valor da análise. Ele me fez lembrar da diferença entre uma coisa e outra, me lembrou do lugar de cada uma e da impertinência da substituição.

Nesse dia ele me falava das sensações invasivas recorrentes que o perturbavam e de sua luta, muitas vezes inglória, contra elas. Com certeza deixei passar um certo desânimo, uma certa vacilação na aposta da análise. Foi aí que, diante de minha pergunta — "O que você pode fazer?" —, ele respondeu, firme: "Faço análise".

Minha pergunta, que no seu enunciado pode parecer neutra, na verdade não o era. Em sua enunciação, apontava para outro lugar, para um mais além da análise. E a resposta do paciente soou como um despertar, uma chamada, para que eu continuasse a manter a aposta da análise, já que ele se mantinha a trabalhar.

Uma outra lição concerne a uma certa reserva do analista em querer o bem do paciente, querer protegê-lo, querer por ele o que seria o seu bem. Essa lição que vem dos poetas* e dos mestres se reatualiza de modo vivo, contundente, na experiência transferencial.

Verdadeiro fator de turbulência comportando grave risco de ruptura do trabalho analítico foi essa vontade minha de fazer o bem a uma paciente que eu supus precisar de minhas boas intenções. No entanto, o que era intenção de cuidado e proteção funcionou como expectativa, exigência e pressão às quais a paciente não podia corresponder.

---

* "Querer o bem com demais força, de incerto jeito, pode já estar sendo se querendo o mal, por principiar." (Guimarães Rosa, *Grande sertão: veredas*.) (N. A.)

Era uma paciente que assumira um novo trabalho do qual ela muito se queixava por lhe suscitar um excesso de tensão. Temi por seu equilíbrio e lhe transmiti, em minha enunciação, não só a possibilidade de outro caminho, mas meu desejo, minha expectativa — eis aí o excesso — de que uma determinada direção fosse trilhada.

Minha expectativa funcionou, ao mesmo tempo, como um apelo sedutor e como uma pressão, uma espécie de exigência, à qual ela não se sentia em condições de responder. Daí adveio o que ela própria chamou *humilhação*. Humilhação e raiva. Daí a revolta, as faltas às sessões e a vontade explícita de interromper a análise.

Às vezes esse querer o bem do paciente não tem um efeito tão perturbador, mas a resposta do analisante pode ser contundente como lição — lição que mostra a inutilidade desse querer. Lição a propósito da impertinência de querer fazer economia do que não pode ser economizado, de querer reduzir o irredutível e de querer evitar o necessário. Lição a propósito da necessidade de acatar o resto sintomático como dado da estrutura, osso, nó constitutivo do sujeito.

Essa lição me surgiu cristalina na fala de um paciente. Ele me falava de seus embates com "os caras", os perseguidores, me contava de seu sofrimento cotidiano, do desgaste, do cansaço, da dor de existir. Respondi alguma coisa cuja enunciação só vim a saber depois, pelo que se seguiu na fala dele. Tratava-se de uma enunciação sintonizada na vontade de fazer o bem ao paciente, de protegê-lo, de poupá-lo de sofrer. Face a essa enunciação ele respondeu: "É isso mesmo, cada um carrega sua cruz, [cada um] tem uma marca feroz dentro". E mais adiante, num outro momento, acrescentou uma frase que se pode ligar a esta: "Já posso sofrer tranquilo". Dito este que nos oferece uma outra lição: lição a propósito da mudança na economia do gozo.

Se é verdade que há um resto sintomático irredutível, um sofrimento que, sempre o mesmo, nos constrange, é verdade também que há modos distintos de sofrer. É muito diferente sofrer desesperado e sofrer tranquilo. É muito distinto tomar o que nos acontece em suas proporções normais, isto é, ordinárias, ou, ao contrário, tomar os acontecimentos na escala hipertrofiada que caracteriza o exagero do desespero.[1]

Talvez a mudança na economia do gozo diga respeito não ao conteúdo, mas à forma — mudaria não o fato da satisfação paradoxal da pulsão, mas a forma de gozar/sofrer; mudaria a forma do sintoma, seu envelope formal, no que ele comporta de metafórico, no que ele comporta de diferentes modos de dizer. E há modos de dizer o sintoma que se conjugam com desespero, enquanto outros se articulam com serenidade; há modos de dizer que se conjugam com o exagero, enquanto outros se articulam com a justa medida das coisas e ao transcorrer comum e ordinário da vida.

"Loucura não tem cura, já é cura", me disse um dia uma paciente. Ou seja, na loucura, imanente à própria loucura, está a cura. Em nossa língua, esta é uma verdade literal. Literal e em todos os sentidos. Mas há todo um trabalho a ser feito, nenhuma imobilidade convém aqui. Para que da loucura se extraia a cura, é preciso trabalho: trabalho de desinflar, enxugar o sintoma, transformá-lo num "tique": "Loucura não tem cura, já é cura, [...] a gente não vai ficar livre daquilo, aquilo vai sempre perseguir, essas coisas falando na cabeça [...] é como um tique". Tique, traço mínimo, marca própria da loucura de cada um. Mas há que se trabalhar: trabalho de construir, no demasiado próximo, uma distância; na certeza, a dúvida e na seriedade circunspecta, algum humor.

É ela quem diz: "O pior é quando se acredita naquilo — mas um dia se desconfia. O negócio é criar uma dúvida. Eu faço umas perguntas, me divirto... Eu, por exemplo, carimbei meu ingresso pro parque de diversões: é, tem horror e riso".

Uma outra lição que, mais além dos livros, recolho no dia a dia da clínica com pacientes psicóticos diz respeito ao ódio, ao lugar que o ódio ocupa na vida em geral, e na cena transferencial em particular.

Muito me impressiona, a cada vez e com cada um, o fato de o ódio se constituir como espaço de imersão no qual, não poucas vezes, o sujeito submerge e ameaça afogar-se. Ódio e raiva parecem estar sempre aí, a postos, para invadir e dominar a cena da existência, confundir o sujeito, ameaçar a consistência dos laços sociais. Esse ódio e raiva pedem para ser chamados à cena transferencial em que serão acatados, acolhidos, incentivados a se mostrar na fala, a se desenrolar no discurso e a incluir o analista.

Não raro os pacientes falam de suas tentativas de poupar o analista e a cena transferencial da virulência desses sentimentos. É aí que se pode ouvir, recolher e arcar com as consequências daquilo que, recusado na fala, insiste em aparecer. É aí que explodem os atos — *acting out* e passagem ao ato —, que variam quanto à gravidade, mas mantêm a mesma exigência: a exigência do dizer.

Mas o ódio e a raiva, na experiência do sujeito psicótico, não se reduzem a fator de turbulência e desagregação. Em sua complexidade, neles surpreendemos uma outra função: função de unificação e consistência, função a favor da vida, função de despertar o sentimento de vida. Há pacientes que convivem com a tendência à dissociação, que experimentam um *dissolver*, experiência que os faz se aperceberem diferentes e ameaçados em seu sentimento de vida. Para muitos desses pacientes, sentir ódio é sentir-se vivo.

Quando o ódio é acatado como coisa sua, quando é possível manter o ódio como afeto que emerge de si e se dirige ao outro, quando é possível acatar esse ódio como seu, o que advém daí é uma força maior do sentimento de si, força maior do sentimento de vida. Daí advém o sentimento de constituir-se como um dos agentes, um dos termos, um dos polos de uma relação. É de uma paciente o termo "polo": "Sentindo ódio tenho mais polo", me disse ela, numa sessão.

Um outro aprendizado que me vem do trabalho analítico com pacientes psicóticos diz respeito ao manejo da transferência. Trata-se da situação em que, na análise, o sujeito se coloca em posição de objeto.

Que o sujeito se coloque em posição de objeto, eis aí uma circunstância que não poucos analistas consideram fazer objeção à transferência e, portanto, ao trabalho analítico com pacientes psicóticos.

É opinião corrente, senso comum próprio a analistas, atribuir os impasses da análise — desde as suas dificuldades até a sua ruptura — a essa tendência, dominante em pacientes psicóticos, de o sujeito se colocar em posição de objeto.

A experiência que recolho na lida com esses pacientes me ensina outra coisa: me ensina que o fato de o paciente se colocar na posição de objeto não corresponde ao fato de o analista confirmá-lo nessa posição; me ensina que é da ausência de reciprocidade que uma nova perspectiva pode ser descoberta, um deslocamento, uma outra experiência, pode vir a acontecer; me ensina que aqui, tanto quanto ou mais ainda que em outras circunstâncias, não convém ao analista responder, corresponder, à demanda do paciente.

Essa lição que circula nos livros e no discurso corrente dos analistas, esse saber trivial e repisado, se reatualizou para mim, em seu frescor, através da fala de uma paciente na sua última sessão de análise. Como quem faz um balanço do trabalho realizado e uma revelação, ela diz: "Quero dizer uma coisa à senhora: às vezes emperro aqui, acho que não adianta, mas não, a coisa parece que vai, está no caminho — eu tenho uma coisa de me fazer de objeto, mas a senhora não pega...".

Não pegar é não consolidar o sujeito na posição de vítima passiva, objeto de exclusão e de desprezo, postura tão familiar às mais variadas formas paranoides de discurso. Não pegar é apostar e insistir no advento do sujeito responsável, sujeito ativo, capaz de tomar em seus ombros o que lhe advém e seguir adiante, construindo um caminho, um destino.

Na trilha dessa aposta no sujeito responsável, capaz de escolhas, segue-se, para mim, uma outra lição: a de que um dia o paciente escolhe ir embora e o analista precisa aprender a perder — perda que é condição de possibilidade da conclusão do trabalho. Nessa circunstância, aceitar perder é condição de possibilidade de que o paciente se aproprie, mais ainda, de sua análise, de que venha a tomá-la como coisa sua, coisa de seu interesse, e chegue, de fato, à sua conclusão.

Foi assim com uma paciente que, há algum tempo, vinha falando em sair da análise. Às vezes num tom de promessa, às vezes num tom de ameaça, o tema de sair da análise frequentava há muito tempo suas sessões. No momento em que me mostro disposta a aceitar sua decisão — se ela considera haver decisão —, nesse justo momento, ela se dá conta de que decisão ainda não há, que a análise ainda não caiu, ainda não se *banalizou*, que ainda há trabalho a fazer, ainda há que caminhar. A partir daí, o que antes aparecia como queixa, promessa ou ameaça passou a ser exigência de um tempo de trabalho, trabalho de produzir uma operação: deixar cair o analista e o dispositivo, ou, em suas palavras, "banalizar, deixar banalizar".

Por fim, uma lição que extraio da clínica com psicóticos, mas que vale para a clínica analítica de modo geral: é uma outra lição sobre o manejo da transferência, sobre a tática na condução do tratamento.

Aprendi que a tática na condução de cada caso se define não segundo o tipo clínico fixado a uma estrutura, mas conforme a configuração transferencial particular e dinâmica estabelecida a cada momento crucial da análise. E mais: aprendi que há, em todo trabalho, um espaço de tempo, determinável a posteriori em cada caso, em que o trabalho do analista é sempre o mesmo: tecer a teia, preparar o solo, firmar os laços de confiança em que a transferência e seus avatares virão a se estabelecer e se manifestar. E que, nesse espaço de tempo precioso, cabe ao analista lançar mão de todos os seus recursos, recursos que podem ser resumidos em dois: desejo e paciência.

Desejo de que haja análise, disposição a fazer a aposta e paciência de suportar — suportar o que der e vier, oportunidades e acasos. Paciência de esperar sem expectativa, de deixar correr o tempo necessário aos acontecimentos e à sua elaboração. Desejo e paciência de seguir, com sua presença atenta, o fio dos acontecimentos, o surgimento das oportunidades, e acatar tanto as possibilidades quanto os limites daquilo que, com cada paciente, vier a se tornar realização.

A casa[*]

Quando pensei em mudar de casa, o que mais queria era espaço. Mais espaço, especialmente na sala e na cozinha.

Queria uma sala ampla onde coubesse uma mesa grande para que eu pudesse me sentar em torno dela com os amigos, e uma cozinha integrada criando o espaço de excelência da casa, uma casa para receber amigos e lhes oferecer duas das melhores coisas da vida: comida e bebida.

Pensava nos jantares que iria partilhar com eles, pensava na circulação alegre entre a sala e a cozinha, na panela de barro com a moqueca baiana saindo do fogão, indo pra mesa.

Pensava no antes e no depois do jantar, dos vários jantares que iria oferecer aos vários grupos de amigos. Antes e depois seria o tempo de estar, de estar na sala acolhendo os amigos, os amigos à vontade na sala.

Quanto a detalhes, nisso eu não pensava, ou pelo menos não pensava conscientemente. Era um assunto para depois.

Lembro que dizia a João: quero sensação de amplitude. Frase e gesto diziam isso — quero espaço, amplitude. E João respondia: "Para mim, arquitetura é isso".

---

[*] Texto datado de 24 de agosto de 2006 e apresentado no mesmo ano aos alunos de arquitetura da PUC-RJ, em disciplina ministrada por Ernani Freire e João Calafate. Do acervo pessoal da autora.

Além de espaço e amplitude, eu queria também aconchego, sensação de acolhimento. A casa teria que ser um lugar envolvente, um espaço acolhedor. E aí João traduzia: "volume". De modo que eu tinha a intuição, por um lado, e meus arquitetos — João e Márcia — conceituavam e realizavam, por outro.

Da constatação de que amplitude e acolhimento eram o essencial para mim, surgiu a vocação da casa: aquela era uma casa para receber os amigos.

Receber os amigos com conforto e espaço à vontade. Receber amigos e pacientes: é que eu sou psicanalista, e há muitos anos atendo em casa. De modo que a casa nova teria que ser também uma casa para atender pacientes.

Aqui, de novo, a sala ampla e aconchegante se firmou como uma exigência fundamental. É que o lugar dos pacientes não é apenas o espaço do consultório, mas também a sala, a sala onde eles ficam enquanto esperam para ser atendidos. Ou seja, a sala de estar é também a sala de espera; a sala que recebe os amigos é também a sala que recebe os pacientes.

Mais do que nunca, o espaço dessa sala teria que ser bem pensado, bem cuidado. Teria que ser um espaço de acolhimento e conforto. Muitos pacientes sentem a casa do analista como um lugar de proteção, de aceitação, um lugar onde, simplesmente, eles podem estar. E eu queria que eles estivessem bem ali, eu queria que eles se sentissem bem ali.

Escolhi para morar um apartamento num prédio antigo, um belo prédio construído nos anos 1940. Assim, meu apartamento é, originalmente, um apartamento antigo. Hoje ele não deixou de ser antigo, mas se tornou moderno: revitalizou-se, ganhou frescor, vivacidade, vitalidade.

A intervenção feita por meus arquitetos reinventou o espaço, criou um espaço novo: um espaço amplo, elegante e, sobretudo, simples. Simples, quer dizer, leve, despojado, sem rococó, sem arrogância, sem pretensão. Essa simplicidade, essa ausência de ostentação, essa leveza e transparência, isso para mim é a verdadeira sofisticação, a verdadeira distinção. É um espaço realmente "distinto", como diz João. Distinto e muito agradável de se estar: um lugar onde se pode ficar por horas a fio sem se sentir o tempo passar. Um lugar repousante, um descanso da loucura lá de fora.

E tem sido assim: os amigos chegam e ficam.

Para minha alegria, eles vêm e vão ficando: em volta da mesa, na sala ou na cozinha, indo de um lugar a outro, conversando, rindo, comendo ou bebendo, mas sempre à vontade.

E assim constato, a cada dia, que a casa vem se afirmando como um lugar que cumpre sua vocação: receber os amigos, receber os pacientes, receber as pessoas.

O corpo em psicanálise*

Para a psicanálise, não se nasce com um corpo. O corpo, para a psicanálise, não é um dado natural: é algo que se constrói, algo que se inventa.

Dizer isso é dizer que o corpo que interessa à psicanálise não é o corpo biológico, esse sim um dado primário. O corpo com o qual a psicanálise opera é uma imagem — uma imagem feita de palavras e de afetos.

O dicionário diz que o corpo é uma unidade, um conjunto.

A psicanálise nos mostra que o corpo como unidade não está aí de partida, não está aí desde sempre, não nos é dado de bandeja: é unidade a ser construída.

A psicanálise nos diz que, no caso dos seres falantes, para se ter um corpo não basta se ter um organismo. É preciso mais. Para se ter um corpo é preciso inventá-lo, é preciso construir uma imagem, imagem esta que vai fazer desse organismo um corpo unificado.

É que, a princípio, reina o caos, as pulsões parciais, a sexualidade anárquica e fragmentada. Para fazer desse caos uma estrela bailarina é necessário um trabalho, "uma nova ação psíquica", diz Freud. Essa nova ação psíquica é o que Lacan

---

* Texto inédito, datado de 2008, provavelmente escrito em Cachoeira (BA). Do acervo pessoal da autora.

teorizou como a experiência do estágio do espelho — experiência através da qual o corpo fragmentado será unificado, ganhará uma forma ideal, uma Gestalt, graças à função da imagem especular.

Lacan descreve a experiência do estágio do espelho como a descoberta feita pela criança de mais ou menos um ano e meio ao se ver no espelho. Essa criança, que é um ser prematuro, que ainda não conquistou uma unidade no plano motor, que é um corpo despedaçado, essa criança faz a descoberta de uma unidade, de um corpo unificado. Ela se vê no espelho, exulta, ri, cheia de alegria. Sua imagem no espelho lhe antecipa uma unidade, uma totalização que, no real, ela ainda não tem. Nessa experiência, o Outro é fundamental — o Outro que sustenta a criança, que vai confirmar sua percepção, que vai dizer: "Sim, você tem um corpo".

Esse corpo unificado, esse corpo do qual dizemos "meu corpo", é o suporte do nosso eu, é o nosso próprio eu enquanto unidade psíquica. Nessa medida, eu e corpo são correlatos, se superpõem, o que nos permite dizer, com Freud: o eu é eu corporal.

Para a psicanálise, dizíamos, o corpo não é um dado primeiro. Nem o corpo biológico, nem o corpo erótico. Nem o corpo anatômico, nem o corpo investido de libido e desejo. Para a psicanálise, o dado primeiro é o corpo simbólico, a linguagem. Para Lacan, o primeiro corpo é a linguagem — o corpo simbólico. O corpo simbólico é um corpo sutil, incorporal, que, ao se encarnar no organismo, nos dá um corpo. Ou seja, o corpo que dizemos nosso, o chamado corpo-próprio, é a linguagem que nos dá esse corpo.

Posso dizer isso de outro modo: o corpo é um fato do dito.

Para a psicanálise, só há fato do dito. É nesse sentido que Lacan pode afirmar que o animal não tem um corpo, que o animal é um organismo. Para a psicanálise, onde não há dizer nem ditos, não há corpo.

Que nosso corpo nos seja atribuído pela linguagem faz dele um corpo esquisito, diferente de qualquer outro corpo vivo.

O corpo do ser falante é um corpo afetado pelas palavras, é um corpo que desobedece à lógica cartesiana, é um corpo necessariamente vinculado ao pensamento. E nessa condição o corpo se faz enigma, o corpo interroga a psicanálise.

Seja na neurose ou na psicose, seja na histeria, na esquizofrenia ou na paranoia, o corpo está sempre aí a interrogar a psicanálise e o psicanalista.

A histérica foi a primeira a interrogar Freud. De modo dramático, ela apresentava sintomas no corpo — paralisias, dores, cegueiras, desmaios, contraturas —, mas seu corpo era diferente: um corpo rebelde que não se curvava ao saber médico e não obedecia à anatomia. O corpo da histérica desconcertava os especialistas: nenhum deles dava conta de seu sofrimento, já que seus sintomas não obedeciam nem à anatomia, nem ao saber dos livros. Os sintomas da histérica obedeciam a outra lógica, a outras leis. O corpo da histérica obedecia não a determinações orgânicas e sim a determinações simbólicas. Seus sintomas eram metáforas escritas no corpo, correspondiam a expressões linguísticas, eram expressões de fantasias e desejos inconscientes.

Freud encontra em suas primeiras histéricas os melhores exemplos desse corpo que sofre de uma fala recalcada.

É famosa a frase de Freud sobre as histéricas: "As histéricas sofrem de reminiscências".[1] Trata-se aqui de reminiscências inconscientes, lembranças recalcadas que insistem em se manifestar. São reminiscências silenciadas que insistem em falar, que não se calam. Impedida de falar, a histérica fala com o seu corpo, continua a falar por outros meios.

Frau Elizabeth, por exemplo, aquela paciente de Freud que desejou ocupar o lugar da irmã ao lado do cunhado, sofria de uma paralisia que neurologista algum conseguia tratar. Sua paralisia condensava um conflito que dizia, ao mesmo tempo: "não posso andar, me carregue nos braços", e "não posso andar, não tenho direito de dar mais um passo". Desejo e censura, desejo e proibição a esse desejo compunham o texto dessa paralisia corporal mas não orgânica. As histerias revelaram a Freud um outro estatuto do corpo: um corpo diferente do organismo, um corpo erótico, um corpo feito de desejos, fantasias e censuras inconscientes. As histéricas revelaram a Freud o corpo-próprio ao ser falante, o nosso corpo, o corpo de cada um de nós.

E na psicose? Como é o corpo na psicose?

Diferentemente da neurose, em que o corpo é o palco no qual se encena o conflito, na psicose o corpo é o lugar invadido pelo Outro.

Na psicose o corpo deixa de ser esse lugar único que se opõe e se separa de tudo o mais que existe. Aqui o corpo se mistura com os objetos, o eu se mistura com o não eu: a fronteira entre um e outro se rompe. Na psicose o corpo é vivido como esse lugar, essa fortaleza frágil que o Outro quer tomar de assalto. Daí as vivências de estranhamento, despersonalização, sentimentos de invasão e captura. Na psicose, corpo e pensamento são alvo da cobiça do Outro. Os sintomas corporais do psicótico denunciam a gula, a cobiça, a ambição desmesurada do

Outro. Na psicose, o Outro se revela em sua maldade, em sua vontade de gozo — vontade de gozar, usar e abusar do corpo do sujeito. Em seus sintomas corporais, o psicótico denuncia: o Outro quer meu corpo e minha alma. Ele quer meu corpo e meu pensamento. No limite, o Outro quer minha vida e meu ser. Em sua ambição desmedida, o Outro quer tudo de mim, me exige tudo, inclusive a vida. E, se eu não dou, ele me invade. Se eu não dou, ele toma de mim.

Em suas falas atormentadas, os psicóticos revelam essa maldade intrínseca do Outro, maldade da qual eles se sentem objeto: "O ar está parado, as árvores não dão flores, as mulheres grávidas não têm filhos, para que a vida continue é preciso que eu morra", dizia um paciente.

E um outro:

Tem muita gente que fantasia em mim, gente viva, gente morta... Malditos parasitas, eles transformam meu rosto, comem por mim, bebem por mim, comem minha comida, bebem meu leite, beijam minha garota por mim, se metem no meio... Eu sei que é impressão, mas é real demais.

O corpo na psicose é um corpo aberto, poroso, sem defesa contra o Outro e suas palavras — sem defesa contra a linguagem.

Mais do que ninguém, o psicótico sabe que as palavras podem ser farpas afiadas, armas que ferem e matam. As palavras do Outro costumam atingi-lo em cheio, invadi-lo, desorganizá-lo. Elas são sentidas como coisa nefasta, coisa ruim. E pesam. Têm peso de injúria, massacram, são uma verdadeira devastação.

Um exemplo célebre, caro a Deleuze, é o de Wolfson, esquizofrênico americano que se fez notável graças à publicação de seu primeiro livro, *Le Schizo et les langues*, em que descreve toda uma série de procedimentos linguísticos e não linguísticos para se defender de sua língua materna, "esta maldita língua, o inglês", como ele dizia.

A princípio ele tenta fechar o corpo, literalmente: tampando os ouvidos com os dedos ou com o walkman, e tampando a boca com excesso de comida. Depois, parte para estratégias mais sofisticadas, procedimentos linguísticos propriamente ditos, como a tradução automática.

Wolfson se dedicou a estudar línguas estrangeiras para traduzir automaticamente as palavras ouvidas na língua materna. Ele, que se autodenominava "o estudante de línguas esquizofrênico", não suportava a língua materna, nos dois sentidos: não suportava o inglês e não suportava sua mãe falando. Cada palavra que ela dizia o feria de morte. Cada palavra dita por sua mãe penetrava em seu corpo, ecoava em sua cabeça, martelava seus ouvidos. Cada palavra de sua mãe lhe provocava reações agudas, reações de dor, que só eram interrompidas se ele conseguisse, rápido, converter as palavras inglesas em palavras estrangeiras — único modo, dizia Wolfson, de "destruí-las no espírito".

Na psicose, o corpo é alvo de manipulação, de interferências, de influências por parte do Outro e da linguagem. O Outro, com suas palavras e silêncios, com seus meio-dizeres e insinuações, com seus comentários nas entrelinhas, com seu timbre próprio, com seu modo estranho de acentuar as palavras, perturba a paz e o sono do psicótico, invade seu corpo e seus pensamentos, é causa de sentimentos de perseguição. Lembro-me de uma paciente que veio se queixar e me pedir providências contra as injúrias de que era objeto: "Está todo mundo me sacaneando, doutora. Eles ficam dizendo: 'mara*cujá*', '*cu*ador', 'feliz â*nus* novo'...".

Muitas vezes, na psicose o corpo é vivido como coisa, coisa deserotizada, dilacerada, corpo-carne, carne-sangue-ossos, carne em putrefação, cadáver. É o que Schreber e Arthur Bispo do Rosário, dois paranoicos geniais, dizem do louco. Schreber dizia ser um "cadáver leproso conduzindo um cadáver leproso"; Bispo do Rosário se definia como um "homem vivo guiado por um morto".

O psicótico, com sua extensa gama de sintomas, põe no centro da discussão psicanalítica uma outra dimensão do corpo, ainda não assinalada aqui: a dimensão real do corpo.

Enigmática por excelência, a dimensão real do corpo não se deixa apreender nem pelo imaginário, nem pelo simbólico; nem pelo fascínio das imagens, nem pelos desdobramentos do significante; mas se faz bem presente por seus efeitos, e se impõe como determinante de nossos desejos, fantasias e sintomas.

O real do corpo, em psicanálise, está especialmente ligado à pulsão e à sua satisfação, em termos de Freud, ou ao gozo, em termos de Lacan, esse estado de tensão inconsciente, mais além do prazer e do desejo, que permanentemente nos habita e do qual só temos notícia através do mal-estar que caracteriza todo ser falante e que o lança tanto nas vias da angústia quanto nas vias do desejo. Vias tortas, diriam uns; caminhos certeiros, diriam outros, e todos eles acertariam: é que a dimensão do real se situa mais além de certo e errado, mais além de prazer e desprazer, mais além de bem e mal. Na dimensão do real estamos todos mais além de bem e mal.

Contra o racismo: com muito orgulho e amor*

Comemoramos hoje 120 anos de abolição da escravatura negra no Brasil. Abolição da escravidão quer dizer aqui fim de um sistema cruel e injusto que trata os negros como coisa, objeto de compra e venda, negócio lucrativo para servir à ambição sem fim dos poderosos. Abolição da escravatura quer dizer aqui fim da humilhação, do desrespeito, da injustiça. Abolição da escravatura quer dizer libertação.

Mas será que acabamos mesmo com a injustiça, com a humilhação e com o desrespeito com que o conjunto da sociedade brasileira ainda nos trata? Será que acabamos com a falta de amor-próprio que nos foi transmitida desde muito cedo nas nossas vidas? Será que já nos libertamos do sentimento de que somos menores, cidadãos de segunda categoria? Será que gostamos mesmo da nossa pele, do nosso cabelo, do nosso nariz, da nossa boca, do nosso corpo, do nosso jeito de ser? Será que, nesses 120 anos de abolição, conquistamos o direito de entrar e sair dos lugares como qualquer cidadão digno que somos? Ou estamos quase sempre preocupados com o olhar de desconfiança e reprovação que vem dos outros?

---

* Publicado originalmente no *Correio da Baixada*, em 13 de maio de 2008.

Cento e vinte anos de abolição quer dizer 120 de luta dos negros que, no Brasil, dia a dia, convivem com o preconceito e a discriminação racial. Cento e vinte de abolição quer dizer 120 de luta contra o racismo desse país que é nosso e que ajudamos a construir: não só com o trabalho, mas sobretudo com a cultura transmitida por nossos ancestrais e transformada e enriquecida por cada um de nós. Cento e vinte de abolição quer dizer 120 anos de luta contra todos os setores da sociedade e da vida cotidiana: nos espaços públicos e nos espaços privados; na Câmara, no Senado, nos sindicatos, no local de trabalho, nas escolas, nas universidades, no campo, na praça e em nossas casas. Cento e vinte de abolição quer dizer 120 de luta contra qualquer lugar em que houver um negro que ainda sofra preconceito e discriminação raciais. Nesses 120 anos, tivemos muitas vitórias, conquistamos muitas coisas, especialmente um amor por nós mesmos, uma alegria, um orgulho de sermos o que somos: brasileiros negros — negros de muitos tons de cor de pele, efeito da mistura, que é uma bela marca da sociedade brasileira.

Nesses 120 anos tivemos muitas conquistas e temos muito mais a conquistar. Nesses 120 anos vencemos muitas batalhas e temos muito mais a batalhar.

Nesses 120 anos comemoramos muitas vitórias e temos muito mais a comemorar.

A escravidão acabou, mas a nossa luta continua!

Agradecimentos

Àqueles que me contaram suas histórias de vida, num gesto de confiança e generosidade.

Àqueles que caminharam comigo no dia a dia da construção deste trabalho — Gregório F. Baremblitt e Madel Terezinha Luz.

Àqueles que, além da amizade, deram-me contribuições decisivas na elaboração deste trabalho. São muitos, especialmente: Astrogildo B. Esteves Filho, Anamaria T. Tambellini, Célia Leitão, Cláudia Massadar, Isidoro Eduardo Americano do Brasil, João Ferreira Filho, Joel Birman, José Carlos de Souza Lima, Jurandir Freire Costa, Luiz Eduardo B. M. Soares, Marco Aurélio Luz, Patrícia Birman, Roberto Machado, Rogério Luz e Sherrine M. Njaine Borges.

A Maria Clara Schiefler da Cunha Forster, pela datilografia.

Notas

Prefácio a esta edição [pp. 9-21]

1. William Pereira Penna, *Escrevivências das memórias de Neusa Santos Souza: Apagamentos e lembranças negras nas práticas de psis*. Niterói: UFF, 2019, dissertação de mestrado, p. 15.
2. Ibid.
3. Ver pp. 119-20.
4. Neusa Santos Souza, *A psicose: um estudo lacaniano*. Rio de Janeiro: Campus, 1991.
5. Ver *Intérpretes negras(os) do Brasil*, episódio 5: Neusa Santos Souza, por Clélia Prestes. Disponível em: <https://www.youtube.com/watch?v=bjaaaBM1I54>.
6. Ver *Psicologia e ladinidades*. Disponível em: <https://www.youtube.com/watch?v=yOC6NU35ecQ>.
7. Ver *Oliveira Silveira*, seção "20 de novembro". Disponível em: <https://www.ufrgs.br/oliveirasilveira/20-de-novembro/>.
8. Ver *Memórias da ditadura*, seção "Movimentos negros". Disponível em: <http://memoriasdaditadura.org.br/movimentosnegros/>.
9. Petrônio Domingues, "Movimento negro brasileiro: alguns apontamentos históricos". *Tempo*, v. 12, n. 23, pp. 100-22, 2007. Disponível em: <https://doi.org/10.1590/S1413-77042007000200007>.
10. Maria Aparecida Silva Bento, "Racismo no trabalho: comentários sobre algumas experiências práticas", *São Paulo em Perspectiva*, v. 2, n. 2, pp. 54-60, abr./jun. 1988. Disponível em: <http://produtos.seade.gov.br/produtos/spp/v02n02/v02n02_10.pdf>.
11. Ibid., p. 56.
12. Ver "Percentual de negros nas universidades dobra em 10 anos", *Agência Brasil*, 2 dez. 2016. Disponível em: <https://guiadoestudante.abril.com.br/universidades/percentual-de-negros-nas-universidades-dobra-em-10-anos/>.
13. Originalmente um grupo, em 2001 adquiriu estatuto jurídico como Instituto Amma Psique e Negritude. Ver <www.ammapsique.org.br>.

14. Maria Lúcia da Silva, "Racismo no Brasil: questões para psicanalistas brasileiros". In: N. M. Kon, C. C. Abud e M. L. Silva (Orgs.). *O racismo e o negro no Brasil: questões para a psicanálise*. São Paulo: Perspectiva, 2017, p. 84.
15. Eram eles Milton Barbosa e Isidório Teles de Souza.
16. Fundado na cidade de São Paulo, o Cecan (1971-81) foi uma das primeiras entidades negras a trabalhar o conceito de negritude, logo se tornando um polo agregador de militantes, jornalistas, escritores, intelectuais e estudantes negros e negras. Em seu espaço se reuniam a discussão política e a produção cultural, contribuindo para fortalecer o movimento negro.
17. Zeila C. Facci Torezan, Fernando Aguiar, "O sujeito da psicanálise: particularidades na contemporaneidade". *Revista Mal-Estar e Subjetividade*, v. 11, n. 2, pp. 525-54, 2011. Disponível em: <http://pepsic.bvsalud.org/scielo.php?script=sci_arttext&pid=S1518-61482011000200004&lng=pt&tlng=pt>.
18. Sigmund Freud, "Psicologia das massas e análise do eu". In: *Sigmund Freud: Obras Completas*, v. 15, Trad. Paulo César de Souza. São Paulo: Companhia das Letras, 2010, p. 48.
19. Ver pp. 162-3.
20. Conceição Evaristo, "Gênero e etnia: uma escre(vivência) de dupla face". In: N. M. B. Moreira e L. Schneider (Orgs.). *Mulheres no mundo: etnia, marginalidade e diáspora*. João Pessoa: Ideia/Editora Universitária UFPB, 2005, pp. 201-12.

Introdução [pp. 45-6]

1. Darcy Ribeiro, "Sobre o óbvio". In: *Encontros com a Civilização Brasileira*. Rio de Janeiro: Civilização Brasileira, 1978. v. 1.
2. Florestan Fernandes, *A integração do negro na sociedade de classes*. São Paulo: Ática, 1978.

1. Antecedentes históricos da ascensão social do negro brasileiro: a construção da emocionalidade [pp. 47-53]

1. Octavio Ianni, *Escravidão e racismo*. São Paulo: Hucitec, 1978; Florestan Fernandes, *A integração do negro na sociedade de classes*. São Paulo: Ática, 1978.

2. Roger Bastide e Florestan Fernandes, *Brancos e negros em São Paulo*. São Paulo: Companhia Editora Nacional, 1959; Octavio Ianni, *Raças e classes sociais no Brasil*. Rio de Janeiro: Civilização Brasileira, 1972.
3. Fernando Henrique Cardoso, *Capitalismo e escravidão no Brasil Meridional*. Rio de Janeiro: Paz e Terra, 1977, p. 251.
4. Carlos A. Hasenbalg, *Discriminação e desigualdades raciais no Brasil*. Rio de Janeiro: Graal, 1979.
5. Michel Foucault, *Vigiar e punir*. Petrópolis: Vozes, 1977.
6. Florestan Fernandes, *A integração do negro na sociedade de classes*, op. cit., p. 129.
7. Ibid.
8. Carlos. A. Hasenbalg, *Discriminação e desigualdades raciais no Brasil*, op. cit.
9. Florestan Fernandes, *A integração do negro na sociedade de classes*, op. cit.
10. Ibid., p. 266.
11. Ibid., pp. 267-9.

2. O mito negro [pp. 54-63]

1. Roland Barthes, *Mitologias*. Rio de Janeiro: Difusão Editorial, 1978.
2. Claude Lévi-Strauss, *Antropologia estrutural*. Rio de Janeiro: Tempo Brasileiro, 1975.
3. Roland Barthes, *Mitologias*, op. cit.
4. Frantz Fanon, *¡Escucha, blanco!*. Barcelona: Nova Terra, 1970, p. 197.
5. Ibid., p. 41.
6. Aurélio B. H. Ferreira, *Novo dicionário da Língua Portuguesa*. Rio de Janeiro: Nova Fronteira, 1975.
7. Florestan Fernandes, *O negro no mundo dos brancos*. São Paulo: Difel, 1972, p. 206.
8. Ibid.

3. Narcisismo e ideal do ego [pp. 64-78]

1. Jean Laplanche e Jean-Bertrand Pontalis, *Vocabulário da psicanálise*. Lisboa: Moares, 1970; Bernardo L. Hornstein, *Teoria de las ideologías y psicoanálisis*. Buenos Aires: Kargieman, 1973.

2. Bernardo L. Hornstein, *Teoría de las ideologías y psicoanálisis*, op. cit., p. 214.
3. Sigmund Freud, "Psicologia de grupo e a análise do ego" (1921). In: *Edição standard brasileira das obras psicológicas completas de Sigmund Freud*. Rio de Janeiro: Imago, 1969. v. XVIII, p. 166.
4. Serge Leclaire, *O corpo erógeno*. Rio de Janeiro: [s.n.], 1979.
5. Jean Laplanche e Jean-Bertrand Pontalis, *Vocabulário da psicanálise*, op. cit.
6. Ibid.
7. Sigmund Freud, "Sobre o narcisismo: uma introdução" (1914). In: *Edição standard brasileira das obras psicológicas completas de Sigmund Freud*. Rio de Janeiro: Imago, 1969. v. XIV, p. 118.
8. Sigmund Freud, "Psicologia de grupo e a análise do ego", op. cit., p. 143.
9. Frantz Fanon, *¡Escucha, blanco!*. Barcelona: Nova Terra, 1970.

4. A história de Luísa [pp. 79-97]

1. Serge Leclaire, *O corpo erógeno*. Rio de Janeiro: [s.n.], 1979.
2. Bernardo L. Hornstein, *Teoría de las ideologías y psicoanálisis*. Buenos Aires: Kargieman, 1973.

6. Metodologia [pp. 107-14]

1. Florestan Fernandes, *A integração do negro na sociedade de classes*. São Paulo: Ática, 1978.
2. Ibid.
3. William J. Good e Paul K. Hatt, *Métodos em pesquisa social*. São Paulo: Companhia Editora Nacional, 1979, p. 422.
4. Ibid.
5. Sigmund Freud, "Notas psicanalíticas sobre um relato autobiográfico de um caso de paranoia (*Dementia paranoides*)" (1911). In: *Edição standard brasileira das obras psicológicas completas de Sigmund Freud*. Rio de Janeiro: Imago, 1969. v. XII.
6. Jean Laplanche e Jean-Bertrand Pontalis, *Vocabulário da psicanálise*. Lisboa: Moares, 1970, p. 120.

7. Bernardo L. Hornstein, *Teoría de las ideologías y psicoanálisis*. Buenos Aires: Kargieman, 1973, p. 25.
8. Gregorio F. Baremblitt, Comunicação pessoal, 12 de maio de 1970.
9. Louis Althusser, "Ideologia e aparelhos ideológicos do Estado". In: *Posições II*. Rio de Janeiro: Graal, 1980.
10. Bernardo L. Hornstein, *Teoría de las ideologías y psicoanálisis*, op. cit.
11. Ibid.

ANEXOS

O estrangeiro: nossa condição [pp. 121-30]

1. Sigmund Freud, "O estranho" (1919). In: *Edição standard brasileira das obras psicológicas completas de Sigmund Freud*. Rio de Janeiro: Imago, 1977. v. XVII, pp. 175-314.
2. Georg Büchner, *Lenz*. São Paulo: Brasiliense, 1985, p. 154.
3. Jacques Lacan, *O seminário*. Livro 3: As psicoses. Rio de Janeiro: Zahar, 1985, p. 132.
4. Guy de Maupassant, *Le Horla*. Paris: Albin Michel, 1984.
5. Louis Wolfson, *Le Schizo et les langues*. Paris: Gallimard, 1970.
6. Sigmund Freud, "Conferência XXXI" (1933). In: *Edição standard brasileira das obras psicológicas completas de Sigmund Freud*. Rio de Janeiro: Imago, 1977. v. XXII, p. 7.
7. Sigmund Freud, "Sobre a transitoriedade" (1916). In: *Edição standard brasileira das obras psicológicas completas de Sigmund Freud*. Rio de Janeiro: Imago, 1977. v. XIV, pp. 345-58.

O que pode um analista aprender com os pacientes psicóticos? [pp. 142-51]

1. "Se você tem consciência do nada, tudo o que lhe acontece é de proporção normal, e não assume as proporções dementes que caracterizam o exagero do desespero." (Emil Cioran, "Entrevista". *Folha de S.Paulo*, 12 fev. 1950).

O corpo em psicanálise [pp. 155-61]

1. Sigmund Freud, "Estudos sobre a histeria" (1895). In: *Edição standard brasileira das obras psicológicas completas de Sigmund Freud*. Rio de Janeiro: Imago, 1977. v. II.

1ª EDIÇÃO [2021] 10 reimpressões

ESTA OBRA FOI COMPOSTA POR MARI TABOADA EM DANTE PRO E IMPRESSA EM OFSETE PELA LIS GRÁFICA SOBRE PAPEL PÓLEN BOLD DA SUZANO S.A. PARA A EDITORA SCHWARCZ EM FEVEREIRO DE 2025.

A marca FSC® é a garantia de que a madeira utilizada na fabricação do papel deste livro provém de florestas que foram gerenciadas de maneira ambientalmente correta, socialmente justa e economicamente viável, além de outras fontes de origem controlada.